国家汉办/孔子学院总部

Tongyong Shangwu Hanyu

通用商务汉语 3

主编：季　瑾

编者：（按姓氏笔画顺序排列）

卢　莹　李小萌　张建英　季　瑾

奚　俊　潘景景

译者：杨玉功

U0950255

A General Course for Business Chinese

对外经济贸易大学出版社

University of International Business and Economics Press

中国·北京

图书在版编目（CIP）数据

通用商务汉语.3／季瑾主编. --北京：对外经济贸易大学出版社，2010

ISBN 978-7-81134-672-5

Ⅰ. ①通… Ⅱ. ①季… Ⅲ. ①商务-汉语-对外汉语教学-教材 Ⅳ. ①H195.4

中国版本图书馆CIP数据核字（2010）第064352号

© 2010年 对外经济贸易大学出版社出版发行

版权所有 翻印必究

通用商务汉语 3

A General Course for Business Chinese 3

季 瑾 主编

责任编辑：胡小平

对外经济贸易大学出版社

北京市朝阳区惠新东街10号 邮政编码：100029

邮购电话：010-64492338 发行部电话：010-64492342

网址：http://www.uibep.com E-mail:uibep@126.com

唐山市润丰印务有限公司 印装 新华书店北京发行所发行

成品尺寸：210mm×280mm 10.75印张 197千字

2010年5月北京第1版 2010年5月第1次印刷

ISBN：978-7-81134-672-5

印数：0 001-3 000册 定价：39.00元(含光盘)

前　言

《通用商务汉语》（1～3）是以培养学习者商务汉语交际能力为目标的商务汉语综合教材。本系列教材适用于海内外有一定汉语水平（相当于HSK成绩三级或以上水平）的人士的商务汉语学习。本系列教材采用场景式的编排，既便于多媒体商务汉语教学使用，也可为依附于网络平台的远程商务汉语教育服务。

一、教材的基本结构

《通用商务汉语》第一册共有6个单元，每单元有2～3篇课文，共有13篇课文；第二册共有6个单元，每单元有2篇课文，共有12篇课文；第三册共有6个单元，每单元有1～3篇课文，共有12篇课文。每个单元包括课文、生词、专有名词、注释、练习。每篇课文均配有拼音和英译文，生词和注释均为中英文对照。每册书附赠配套的光盘。

二、教材的编写特点

1. 题材的实用性和针对性

本系列教材是针对各类商务汉语学习者的商务交际活动来编写的，强调融专业知识背景、工作技能以及语言基础学习为一体，不再是一些经济类报刊、新闻的简单搜集汇编，而是从语言和商务专业两方面给学习者提供系统、新颖、实用的“汉语+商务知识”的交际及工作使用语言的学习。

本系列教材的语法教学是为商务内容的学习服务，语法项目的讲解是为了帮助学习者学习商务内容时扫除语言上的障碍。注释中的语法按照其在课文中出现的顺序排列，以例句和通俗的表述来展现。此外，注释中还有习惯用法、口语中的常用语、文化知识、商务常识等方面的介绍。

本系列教材的练习包括语言结构功能训练和商务内容训练两部分。语言结构功能训练是为学习者熟悉、掌握教材中的汉语词汇和句型而设计的，适可而止，学习者会用即可。练习的类型各课基本一致，题型基本固定，前后练习统一，体现出训练的系统性。但也注意到了一些语言点的不同，在少数课后的题型上作了调整。

商务内容训练，此部分从听说读写四个方面全方位地训练学习者商务汉语交际能力，包括分角色朗读课文、阅读理解、角色扮演、完成任务等商务交际和任务训练。

2. 内容的商务化

教材的内容着重商务话题下应知应会的商务常识的普及。三册教材的18个单元即为18个商务专题，每个专题下各有2～3个不同方面的课程内容。内容通过场景的编写相互关联，以扩大学生的各个商务领域的信息量为驱动，建立并扩大学生相关方面可懂信息的储存，为学习者构建一个商务常识信息平台。

在商务常识的学习中，既有社会交往，也有热门话题，题材涉及商务参观、商务接待、商务谈判、贸易流程、职场、企业管理模式和企业文化、商务招标、商务代理、市场调研、营销理念和广告、投资、商标法、知识产权、广交会、理财等。

在内容上，还根据商务交流的需要配置了一些真实的商务图表、合同、信用证、信件、求职简历、招聘广告、招标流程、代理协议、调查问卷等。

3. 体例和练习设计的交际性和任务化

本系列教材的课文是以几位核心的海内外商务人士参与商务活动为主线，以情景对话的形式来传达商务知识，在真实的商务交际场景中来学习商务汉语。

练习的重点在商务内容训练，分层次逐步展开，首先每课是帮助学习者熟悉已有的商务情景和信息的训练，如跟读、分角色朗读等。其次进入角色扮演的训练，是由学习者在学完课文的内容后编排出相关的商务情景，进行商务情景会话的操练，学后做，调动学习者自身的语言能力来实战演练。练习的内容上，突出一些与课文相关的商务技能和商务文化情景的训练和再现。练习的最后是完成任务的训练，设计了任务目标，让学习者在“做中学”，实现教学任务和现实世界的社会经济生活的结合。

三、教学建议

一般的进度，建议每篇课文和课后练习用6～8课时。这样，如果学习者每周有6～8课时学习本教材，一学期可学完一册书。

教材的信息量大，内容分布广，各单元的场景和内容既相互关联又相互独立，学习者可以根据自己的需要、兴趣和学习时间自由选学。练习的设计具有一定的弹性，教学过程中，可根据学习者的实际水平和教学实际安排灵活掌握。

本系列教材的编写得到了中国国家汉办和对外经济贸易大学的领导和专家们的大力支持和帮助，特表谢意。教材中有何不当之处，敬请读者予以指正，以便进一步修订。

对外经济贸易大学　李瑾
2010年4月于惠园

Business Preface

A General Course for Business Chinese（1-3）is a comprehensive course book on business Chinese, aiming to improve the communicative skills of business Chinese learners. The course book suits the needs of those business Chinese learners who have attained a certain level (equivalent to HSK Grade III or above). This series of course books are based on situational scenes, which are convenient for multimedia teaching of business Chinese, and conducive to virtual business Chinese teaching on the Internet platform.

I. The Basic Composition of the Book

A General Course for Business Chinese (1) consists of six units, each of which contains 2 or 3 texts, totaling 13 texts. A General Course for Business Chinese (2) consists of six units, each of which contains 2 texts, totaling 12 texts. A General Course for Business Chinese (3) consists of six units, each of which contains 1 text to 3 texts, totaling 12 texts. Each unit includes text(s), new words, proper nouns, notes and exercises. Each text is matched with Pinyin (Chinese phonetic symbol) and English translation; new words and notes are both bilingual. A corresponding CD-ROM is attached to each copy.

II. The Main Features of the Book

1. The practicality and effectiveness of the thematic materials

The course books cater for business Chinese learners in their business communication activities, emphasizing the combination of special knowledge, working skills and language basics. They are not just simple collections of news items from economic newspapers or journals, but provide systematic, novel and practical communicative skills for our learners from the aspects of language and business.

The grammar in these books serves the learning of business communications; the explanation of grammar helps the learners to remove the language barriers while studying the business content. The grammar in the notes is illuminated with examples and interesting explanations. In addition, the notes also touch upon idioms, popular phrases, knowledge about culture and business.

The exercises in these books consist of language structure training and business communication training. The former is designed for learners to understand and use the Chinese phrases and patterns. The types of exercises are basically fixed and consistent and therefore more systematic. However, with different language points the types of exercises in some texts are accordingly modified.

The business communication training is divided into the four aspects of listening, speaking, reading and writing, and the tasks include reading aloud, reading comprehension, role playing and mission accomplishing.

2. The business content

The content of the course books is focused on the basic knowledge of business communication. The 18 units of the three books are actually 18 topics of business communication, each of which contains 2-3 aspects of the topic. The content forms a connected whole through different situations so as to enlarge the volume of business information, to enhance the learners' memory of relevant knowledge, and to establish an information platform for business Chinese learners.

In the process of learning business knowledge, both social exchanges and hot topics are included, such as business tours, reception, negotiations, trade procedures, jobs, corporate management and culture, tendering, agency, market research, marketing and advertising, investment, trademark law, intellectual property, Canton fair, financing etc.

Required by business communication, we have also added some real business charts, contracts, L/C letters, resumes, advertisements, tendering procedures, agency agreement and questionnaires.

3. The communicative and task-oriented arrangement of format and exercises

The texts are arranged along the story line of several major business people participating in business activities. The business knowledge is learned through situational conversations and business Chinese practiced in real business communication occasions.

The focus of the exercises is in the training of business content which unfolds through different stages. The first is to help the learners to familiarize themselves with the specific business situation through shadow reading and reading aloud. Second, the learners may do role playing by making up their own conversations based on the text, which may very well stimulate their potentials in learning Chinese. In the content of the exercises, business skills related to the text and the reproduction of business situations are especially highlighted. The ultimate objective of the exercises is to help learners to learn by doing, thus combining the class teaching with the real practicing of our social and economic life.

III. Suggestions for the teaching

The average pace of the class is advised to be set at 6-8 class hours for each text including exercises. Thus learners may finish the studying of book (1), book (2) or book (3) in a semester if they spend 6-8 class hours every week.

This series of course books are rather extensive and diverse in their contents, and the situations of the units are both connected and relatively independent, so the learners may choose and learn conveniently according to their needs, interests and time. The design of the exercises is flexible. The teachers may have the liberty to arrange their own classes according to the actual level of the learners.

I hereby extend my heartfelt gratitude to the leaders and experts from Hanban and UIBE for their great support and assistance in the compilation of the course books. All comments from the readers are welcome and will be used for reference to further revision of these books.

Ji Jin
April 2010
UIBE

主要人物介绍

Introduction to the main characters

马莉——女，意大利人（Maria Luigi），意大利爱玛服装公司中国分公司的总经理

Maria Luigi—female, from Italy; general manager of Italian Emma (China) Garment Co. Ltd.

比尔——男，美国人（Bill Andrew），原来是职业经理人，辞职后在对外经济贸易大学中国经济贸易实务研修班进修

Bill Andrew—male, from the US; formerly a professional manager, now studying in the Graduate Program for Chinese Economic and Trade Practice of UIBE

赵红——女，中国人，对外经济贸易大学国际贸易专业四年级的学生

Zhao Hong—female, from China; a senior student majoring in International Trade at UIBE

齐远——男，中国人，对外经济贸易大学MBA二年级的学生

Qi Yuan—male, from China; in his second year of UIBE's MBA Program

王伟——男，中国人，一位职业经理人，瑞华公司的总经理

Wang Wei—male, from China; a professional manager, general manager of Ruihua Company Ltd.

马莉和比尔是老朋友。齐远和赵红是比尔在对外经济贸易大学认识的朋友。马莉希望利用业余时间提高自己的商务汉语水平，比尔介绍齐远和赵红辅导马莉。他们四个人成了好朋友。王伟是马莉的朋友，他通过马莉认识了比尔、齐远和赵红。

Maria and Bill are old friends. Bill gets acquainted with Qi Yuan and Zhao Hong at UIBE. Maria wishes to improve her level of business Chinese in her spare time and Bill introduces Qi Yuan and Zhao Hong to help Maria with her Chinese. The four become good friends. Wang Wei is Maria's friend, and through Maria he gets to know Bill, Qi Yuan and Zhao Hong.

目 录

BUSINESS

Contents

第一单元

Unit 1

Wàishāng zài huá tóuzī

外商在华投资

Foreign Investments in China

课文一

Tīngshuō yìxiē tóuzī lǐngyù kuòdà le

听说一些投资领域扩大了

Mǎ Lì qǐng Bǐ'ěr、Qí Yuǎn、Zhào Hóng zhè jǐ wèi péngyǒu dào jiā lǐ lái juju. Tāmen liáo qǐ le tóuzī de huàtí.

马莉请比尔、齐远、赵红这几位朋友到家里来聚聚。他们聊起了投资的话题。

Mǎ Lì: Xiànzài wàishāng zài Zhōngguó de tóuzī hěn duō a.
马　莉：现在**外商**在中国的**投资**很多啊。

Bǐ'ěr: Shì a. Wǒ zuótiān zài wǎngshàng kàn dào yì zé xiāoxi shuō, Yīngtè' ěr gōngsī de quánqiú tóuzī jīgòu zài Běijīng xuānbù le sān gè xīn de tóuzī xiàngmù.
比　尔：是啊。我昨天在网上看到一**则**消息说，**英特尔公司**的全球投资**机构**在北京**宣布**了三个新的投资**项目**。

Mǎ Lì: Dōu shì nǎxiē fāngmiàn de tóuzī ne?
马　莉：都是哪些方面的投资呢？

Bǐ'ěr: Tāmen jiāng fēnbié xiàng sān jiā zhōngzī gōngsī zhuzī. Yì jiā shì yīliáo wèishēng hángyè de, liǎng jiā shì huánbǎo xīn kējì lǐngyù de.
比　尔：他们**将**分别向三家**中资公司注资**。一家是医疗卫生行业的，两家是**环保**新**科技领域**的。

Zhào Hóng: Zhè sān jiā gōngsī dōu shì gāoxīn kējì gōngsī ma.
赵　红：这三家公司都是高新科技公司嘛。

Qí Yuǎn: Duì, gāoxīn jìshù chǎnyè xiànzài shì kuà guó gōngsī tóuzī de rèdiǎn.
齐　远：对，**高新技术产业**现在是**跨国公司**投资的**热点**。

Bǐ'ěr: Yīnwèi zhōngguó búdàn yǒu fēngfù de láodònglì zīyuán, háiyǒu hěn duō gāo shuǐpíng de kēyán rényuán.
比　尔：因为中国不但有**丰富**的**劳动力资源**，还有很多高水平的**科研**人员。

Zhào Hóng: Búguò, zài huánbǎo kējì lǐngyù tóuzī de hǎoxiàng hái bù duō.
赵　红：不过，在环保科技领域投资的好像还不多。

Bǐ'ěr: Shì a, yǐwǎng kuà guó gōngsī tóuzī zuì mìjí de shì zhìzàoyè, bǐrú qìchē zhìzào、fúzhuāng jiāgōng.
比　尔：是啊，以往跨国公司投资最**密集**的是**制造业**，比如汽车制造、服装加工。

Zhào Hóng: Suǒyǐ shìjiè shàng cái yǒu le nàme duō de "Zhōngguó zhìzào".
赵　红：所以世界上才有了那么多的"中国制造"。

Mǎ Lì: Fúwùyè yě shì kuà guó gōngsī tóuzī de mùbiāo, bǐrú wǒmen dàjiā dōu shúxī de língshòuyè jùtóu Wò'ěrmǎ, Jiālèfú, zài zhōngguó yǐjīng fāzhǎn de hěn hǎo le.
马　莉：**服务业**也是跨国公司投资的**目标**，比如我们大家都熟悉的**零售业巨头沃尔玛**、

家乐福，在中国已经发展得很好了。

Qí Yuǎn: Nǐmen shuō de zhèxiē dōu shì bǐjiào chéngshú de tóuzī lǐngyù, èr líng líng qī nián xiūdìng de《wàishāng tóuzī chǎnyè zhǐdǎo mùlù》zhōng yǒu hěn duō xīn de biànhuà.

齐　远：你们说的这些都是比较**成熟**的投资领域，2007 年**修订**的《外商投资产业指导目录》中有很多新的变化。

Mǎ Lì: Dōu yǒu nǎxiē xīn biànhuà ne? Nǐ kuài shuōshuo kàn! Tīngshuō yìxiē tóuzī lǐngyù kuòdà le.

马　莉：都有哪些新变化呢？你快说说看！听说一些投资领域扩大了。

Qí Yuǎn: Shì de, wǒmen gānggāng shuō dào de huánbǎo xīn kējì, gāoxīn jìshù chǎnyè jiùshì xīn zēngjiā de，shì zhèngfǔ gǔlì de tóuzī lǐngyù.

齐　远：是的，我们刚刚说到的环保新科技、高新技术产业就是新增加的，是政府**鼓励**的投资领域。

Bǐ'ěr: Háiyǒu nǎxiē biànhuà?

比　尔：还有哪些变化？

Qí Yuǎn: Yuánlái jìnzhǐ wàishāng tóuzī de yìxiē lǐngyù xiànzài yǐjīng duìwài kāifàng le, bǐrú diànxìnyè.

齐　远：原来**禁止**外商投资的一些领域现在已经对外**开放**了，比如**电信业**。

Zhào Hóng: Dànshì duì yǒuxiē lǐngyù de xiànzhì yě zēngjiā le ba.

赵　红：但是对有些领域的**限制**也增加了吧。

Qí Yuǎn: Méi cuò! Bǐrú fángdìchǎn yè,háiyǒu nàxiē gāo hàonéng、gāo wūrǎn de chǎnyè shòudào le yángé kòngzhì.

齐　远：没错！比如**房地产业**，还有那些高**耗能**、高**污染**的产业受到了**严格控制**。

Mǎ Lì: Yǐqián fángdìchǎn yè yě shì wàishāng tóuzī de yíge hěn zhòngyào de lǐngyù ne, xiànzài biànhuà quèshí hěn dà a.

马　莉：以前房地产业也是外商投资的一个很重要的领域呢，现在变化确实很大啊。

Zhào Hóng: Shì a, nǐmen shìbushì yě xiǎng zài zhōngguó tóuzī ne? Kànhǎo le shénme xiàngmù jiù gǎnjǐn chūshǒu ba.

赵　红：是啊，你们是不是也想在中国投资呢？看好了什么项目就赶紧**出手**吧。

Text 1

I hear the range of investment has been expanded

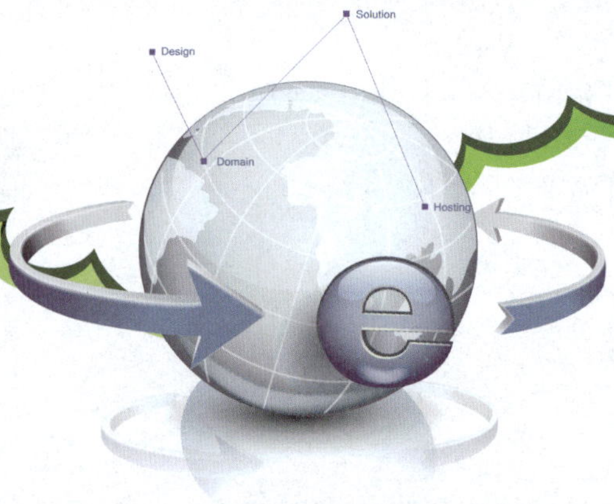

Maria invites Bill, Qi Yuan and Zhao Hong to a party at home, chatting over the topic of investment.

Maria: Now foreign enterprises have lots of investments in China.

Bill: Yes, I saw some news on the Internet saying that Intel's global investment arm has announced three new investment projects in Beijing.

Maria: What areas do the investments go to?

Bill: They will fund three Chinese companies. One is in the medical industry, and two others are in the field of new environmental protection technologies.

Zhao Hong: That explains why companies are all high-tech companies.

Qi Yuan: That's right, high-tech industries are the hot spot for multi-national companies' investment.

Bill: Because China not only has rich labor resources but also high level research and technical personnel.

Zhao Hong: But investments are relatively few in the field of environmental protection technologies.

Bill: Right, the most heavily invested area for MNCs before was the manufacturing industry, such as auto making and garment processing.

Zhao Hong: That explains why there are so many things "made in China" now in the world.

Maria: The service industry is also a target for MNC investment. For example, the giant retailers Walmart and Carrefour, which we are familiar with, have developed quite well in China.

Qi Yuan: Those industries you mentioned are the relatively mature fields for investment. There are many new changes in the "Catalogue for the Guidance of Foreign Investment Industries" which was revised in 2007.

Maria: What are the new changes, for example? I hear the range of investment has been expanded.

Qi Yuan: Yes, as I mentioned, both the new environmental protection technologies and new high-tech industries are the newly added fields of investment encouraged by the government.

Bill: Are there any other changes?

Qi Yuan: Some fields formerly forbidden to foreign investment have now been opened, such as the telecommunications industry.

Zhao Hong: But limits to some fields have also been added, right?

Qi Yuan: Correct! The real estate industry, for instance, and those high energy consumption and high pollution industries have been strictly controlled.

Maria: The real estate industry was also an important field for foreign investment before, which has been greatly changed.

Zhao Hong: Indeed, don't you want to invest in China too? If you see any probable project, just do it quickly.

生词 New words

1	外商	wàishāng	foreign enterprise
2	投资	tóuzī	investment; to invest
3	领域	lǐngyù	field
4	范围	fànwéi	range

5	则	zé	to be used as a measuring unit
6	机构	jīgòu	arm
7	宣布	xuānbù	to announce
8	项目	xiàngmù	project
9	将	jiāng	will
10	中资公司	zhōngzī gōngsī	Chinese company
11	注资	zhùzī	fund
12	医疗	yīliáo	medical industry
13	环保	huánbǎo	environmental protection
14	科技	kējì	science and technology
15	高新技术	gāoxīn jìshù	high and new technology
16	丰富	fēngfù	rich
17	劳动力	láodònglì	labour
18	资源	zīyuán	resource
19	科研	kēyán	research and technical
20	产业	chǎnyè	industry
21	跨国公司	kuàguó gōngsī	multi-national company
22	热点	rèdiǎn	hotspot
23	密集	mìjí	heavily
24	制造业	zhìzàoyè	manufacturing industry
25	服务业	fúwùyè	service industry
26	目标	mùbiāo	object
27	零售业	língshòuyè	retail business; retailing
28	巨头	jùtóu	a business giant
29	成熟	chéngshú	mature
30	修订	xiūdìng	to revise

31	鼓励	gǔlì	to encourage
32	禁止	jìnzhǐ	to forbid
33	开放	kāifàng	to open
34	电信业	diànxìnyè	telecommunications industry
35	限制	xiànzhì	limit
36	房地产业	fángdìchǎnyè	real estate industry
37	耗能	hàonéng	energy consumption
38	污染	wūrǎn	pollution
39	严格	yángé	strict
40	控制	kòngzhì	to control
41	出手	chūshǒu	to do it

专有名词 Proper nouns

1. 英特尔公司
   Yīngtè'ěr Gōngsī
   Intel Company

2. 沃尔玛
   Wò'ěrmǎ
   Walmart

3. 家乐福
   Jiālèfú
   Carrefour

注释 Notes

1. **以往跨国公司投资最密集的是制造业，比如汽车制造、服装加工，所以世界上才有了那么多的“中国制造”。**

The most heavily invested area for MNCs before was the manufacturing industry, such as auto making, garment processing. Therefore there are so many things “made in China” now in the world.

“中国制造” 以前的涵义比较简单，仅仅是替别人加工，制造出产品后贴上别人的商标出售，这是“中国制造”一个较低层次的体现。现在随着中国经济的快速发展，我们不但要制造，而且要创造，“中国制造”将变成“中国创造+制造”。

The meaning of “中国制造” was rather simple before, referring to processing for others, labeling the manufactured products with others’ trademarks for sale, which is a low level representation of “Made in China”. With the fast development of China’s economy, we will not only manufacture but create, and “Made in China” will become “Created and Made in China”.

2. **那些高耗能、高污染的产业受到了严格控制。**

Those high energy consumption and high pollution industries have been strictly controlled.

“高……” 表示在一般标准或程度之上，后边可以加动词、名词。例如：高投入、高回报、高水平、高标准。

“高……” means “above the general standard or degree”, followed by a verb or noun. For example: high input, high return, high level and high standard.

3. **看好了什么项目就赶紧出手吧。**

If you see any probable project, just do it quickly.

“看好……”表示认为某人或某事物好或者会有好的发展前景。例如：

“看好……” means “believe that a person or a thing is good or will have a promising future”. For example:

（1）这次来应聘的几个人中，王总看好谁就定谁吧。

Among the applicants, whoever Mr. Wang sees fit will be the one.

（2）他对投资很在行，他看好的项目有两个。

He is an expert in investment, and there are two projects he considers promising.

4.《外商投资产业指导目录》

"Catalogue for the Guidance of Foreign Investment Industries"

国家为了充分利用政策优势，扩大吸收外资，从而带动国内产业结构优化，节约资源、改善生态环境，新修订了《外商投资产业指导目录》，自2007年12月1日起施行。修订后的《外商投资产业指导目录》条目变多了，而且趋向于高新技术产业。其中鼓励类目录调整较大，重点对矿产资源类进行了删除。这将对部分外企产生一定的影响，主要是鼓励类投资领域以外的一些投资不再有优越性，而且不再拥有享受相应的税收政策的优惠的特权。

In order to fully utilize the policy advantages, to attract more foreign investment and thereby to optimize the domestic industrial structure, economize on natural resources and improve the ecological environment, the government revised the "Catalogue for the Guidance of Foreign Investment Industries", which came into force on December 1, 2007. The revised "Catalogue for the Guidance of Foreign Investment Industries" has more categories and caters to new and high technology industries. The part of the catalogue for the encouraged category was the most adjusted, in which the category of mineral resources was canceled altogether. And that will affect some of the foreign enterprises, because some investments beyond the encouraged category will not be advantageous any more and the corresponding favorable tax policies will not apply any more.

课文二

Wàishāng zài zhōngguó tóuzī de dìyù yě hěn guǎng

外商在中国投资的地域也很广

Mǎ Lì、Bǐ' ěr、Qí Yuǎn、Zhào Hóng hái zài liáo zhe guānyú tóuzī de huàtí.

马莉、比尔、齐远、赵红还在聊着关于投资的话题。

Mǎ Lì: Xiànzài wàishāng zài zhōngguó tóuzī de dìyù yě hěn guǎng, Běijīng、Shànghǎi、Dàlián、Qīngdǎo……

马　莉：现在外商在中国投资的地域也很广，北京、**上海、大连、青岛**……

Qí Yuǎn: Shì hěn guǎng, dàn dà bùfen tóuzī dōu jízhōng zài dōngbù dìqū. Nǐ kàn, nǐ shuō de zhèxiē dōu shì dōngbù dìqū de chéngshì.

齐　远：是很广，但大部分投资都**集中**在东部地区。你看，你说的这些都是东部地区的城市。

Mǎ Lì: Shì ma? Wǒ hái zhēn méi zhùyì dào zhèxiē. Zhè shì wèi shénme ne?

马　莉：是吗？我还真没注意到这些。这是为什么呢？

Qí Yuǎn: Yuányīn hěn duō. Zhǔyào shì yīnwèi dōngbù dìqū jīngjì jīchǔ hǎo, jiāotōng biànlì, réncái yě bǐjiào duō.

齐　远：原因很多。主要是因为东部地区经济**基础**好，交通便利，人才也比较多。

Mǎ Lì: Guài bu de wàishāng yuànyì zài dōngbù dìqū tóuzī ne.

马　莉：怪不得外商愿意在东部地区投资呢。

Zhào Hóng: Xiànzài Chángsānjiǎo, Zhūsānjiǎo de yìxiē jiāgōngchǎng yǐjīng zhuǎn dào Chéngdū、Chóngqìng、Xī' ān děng zhōngxībù dìqū qù le.

赵　红：现在**长三角、珠三角**的一些加工厂已经转到**成都、重庆、西安**等中西部地区去了。

Qí Yuǎn: Yīnwèi nàlǐ de tóuzī huánjìng zài búduàn gǎishàn, hái néng xiǎngshòu dào zhèngfǔ de hěn duō yōuhuì zhèngcè.

齐　远：因为那里的投资环境在不断**改善**，还能**享受**到政府的很多优惠政策。

Bǐ'ěr: Ó? Yǒu shénme yōuhuì zhèngcè? Shuō lái tīngting.

比　尔：哦？有什么优惠政策？说来听听。

Zhào Hóng: Xiànzài zhèngfǔ zhìdìng le qūyù chǎnyè zhuǎnyí zhànlüè, hái xiūdìng le《zhōngxībù dìqū wàishāng tóuzī yōushì chǎnyè mùlù》, zài shuìshōu、tǔdì shǐyòng děngděng fāngmiàn dōu yǒu yōuhuì.

赵　红：现在政府制定了**区域**产业**转移战略**，还修订了《中西部地区外商投资**优势**产业目录》，在**税收**、土地使用等等方面都有优惠。

Qí Yuǎn: Bù guāng zhèngcè shàng yǒu yōuhuì, nàlǐ láodònglì jiàgé dī, zīyuán、néngyuán fēngfù, fāzhǎn qiánlì hé fāzhǎn kōngjiān yě bǐjiào dà.

齐　远：不光政策上有优惠，那里劳动力价格低，资源、**能源**丰富，发展**潜力**和发展空间也比较大。

Mǎ Lì: Zài dōngbù dìqū hé zhōngxībù dìqū tóuzī zhēn shì gè yǒu yōushì a.
马　莉：在东部地区和中西部地区投资真是各有优势啊。

Bǐ'ěr: Kànlái, yào tóuzi de huà, děi hǎohao diàochá yánjiū yíxià dāngdì de tóuzī huánjìng cái xíng a.
比　尔：看来，要投资的话，得好好调查研究一下当地的投资环境才行啊。

Qí Yuǎn: Búguò, wàishāng zài dōngxībù de tóuzī fāngshì bú tài yíyàng. Zài dōngbù de tóuzī dà bùfen shì dúzī huò hézī kònggǔ de fāngshì.
齐　远：不过，外商在东西部的投资方式不太一样。在东部的投资大部分是**独资或合资控股**的方式。

Mǎ Lì: Xiànzài kuà guó bìnggòu yòu chéngwéi tóuzī de yìzhǒng xīn xíngshì, bǐrú Wáhāhā、Lèbǎishì yǐjīng bèi fǎguó Dánéng jítuán bìnggòu le.
马　莉：现在跨国**并购**又成为投资的一种新形式，比如**娃哈哈、乐百氏**已经被法国**达能集团**并购了。

Zhào Hóng: Wàishāng zài zhōngxībù dìqū de tóuzī zhǔyào shì yǔ yōushì qǐyè hézuò、hézī de xíngshì.
赵　红：外商在中西部地区的投资主要是与优势企业合作、合资的形式。

Mǎ Lì: Nà zài zhōngxībù tóuzī fēngxiǎn dà ma?
马　莉：那在中西部投资**风险**大吗？

Qí Yuǎn: Zhōngguó jiārù Shìjiè Màoyì Zǔzhī yǐhòu, shìchǎngzhǔnrù yě gèng kāifàng le, tóuzī huánjìng yuèláiyuè hǎo.
齐　远：中国加入**世界贸易组织**以后，**市场准入**也更开放了，投资环境越来越好。

Zhào Hóng: Duì! Zài Zhōngguó tóuzī shì hěn ānquán de, zhōngxībù dāngrán yě bú lìwài. Bié dānxīn!
赵　红：对！在中国投资是很**安全**的，中西部当然也不**例外**。别担心！

Bǐ' ěr: Tóuzīzhě dōu xīwàng bǎ fēngxiǎn jiàng dào zuì dī ma.
比　尔：投资者都希望把风险降到最低嘛。

Qí Yuǎn: Jìngzhēng háishì hěn jīliè de yo.
齐　远：竞争还是很激烈的哟。

Zhào Hóng: Suǒyǐ yào zhuāzhù jīhuì, gāi chūshǒu shí jiù chūshǒu.
赵　红：所以要抓住机会，该出手时就出手。

Text 2

Foreign investments in China cover extensive areas

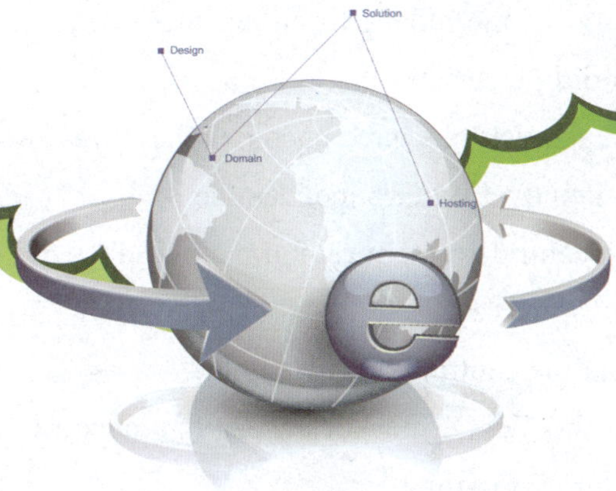

Maria, Bill, Qi Yuan and Zhao Hong are still chatting on investment.

Maria: Now foreign investments in China cover extensive areas, in cities like Beijing, Shanghai, Dalian, Qingdao…

Qi Yuan: Extensive indeed, but most of the investments are concentrated in the eastern region. You seemed to have only mentioned the cities in the eastern part.

Maria: Really? I didn't pay attention to that. Why is that?

Qi Yuan: There are many reasons. The main reason is that the eastern region has a solid economic foundation, a convenient transportation system and plenty of human resources.

Maria: No wonder foreign enterprises prefer to invest in the eastern part of China.

Zhao Hong: Recently some processing factories in the Yangtze Delta and Zhujiang Delta have been moved to the central and western regions such as Chengdu, Chongqing and Xi'an.

Qi Yuan: Because the investment environment there is constantly improving and investors can benefit from many favorable government policies.

Bill: Oh? What are some of the favorable policies? Tell me.

Zhao Hong: Now the government has formulated the strategies for the transfer of regional industries, and has revised the "Catalogue of Priority Industries for Foreign Investment in the Central-Western Region", granting favorable taxation, land use and so on.

Qi Yuan: Not only because of favorable policies, but also for the cheaper labor cost, rich natural and energy resources, and greater development potentials and possibilities.

Maria: So the investment in the eastern region and that in the central-western region have their own advantages.

Bill: It seems to me that if you want to invest, you have to carry out intensive research into the local investment environment.

Qi Yuan: But foreign enterprises adopt different investment methods in the eastern or western regions. The investments in the east are for the most part either in the form of sole proprietorship, or in the form of a joint venture with holding structure.

Maria: Now international mergers and acquisitions have become a new way of investment. Wahaha and Robust, for example, have been taken over by Groupe Danone.

Zhao Hong: Foreign investment in the central-western region mainly takes the form of cooperation with superior enterprises or the form of joint ventures.

Maria: Then is it more risky to invest in the central-western region?

Qi Yuan: After China's accession to the WTO, market access has become more open and the investment environment is getting better all the time.

Zhao Hong: I see! It's very safe to make investments in China, and the central-western region is no exception. Don't worry!

Bill: All investors wish to minimize their risks.

Qi Yuan: And the competition is rather fierce.

Zhao Hong: So you must seize the opportunities and just do what you're supposed to do.

生词 New words

1	地域	dìyù	area
2	集中	jízhōng	concentrate
3	基础	jīchǔ	foundation
4	改善	gǎishàn	to improve
5	享受	xiǎngshòu	to enjoy the use (or benefit) of
6	区域	qūyù	region
7	转移	zhuǎnyí	transfer

8	战略	zhànlüè	strategy
9	优势	yōushì	advantage; priority
10	税收	shuìshōu	taxation
11	能源	néngyuán	energy resource
12	潜力	qiánlì	potential
13	独资	dúzī	sole proprietorship
14	合资	hézī	joint venture
15	控股	kònggǔ	holding
16	并购	bìnggòu	merger and acquisition
17	风险	fēngxiǎn	risk
18	市场准入	shìchǎng zhǔnrù	market access
19	安全	ānquán	safe
20	例外	lìwài	exception

专有名词 Proper nouns

1. 上海
   Shànghǎi
   Shanghai
2. 大连
   Dàlián
   Dalian
3. 青岛
   Qīngdǎo
   Qingdao
4. 长三角
   Chángsānjiǎo
   Yangtze Delta
5. 珠三角
   Zhūsānjiǎo
   Zhujiang Delta
6. 成都
   Chéngdū
   Chengdu
7. 重庆
   Chóngqìng
   Chongqing
8. 西安
   Xī'ān
   Xi'an
9. 哇哈哈
   Wáhāhā
   Wahaha Group
10. 乐百氏
    Lèbǎishì
    Robust
11. 达能集团
    Dánéng Jítuán
    Group Danone
12. 世界贸易组织
    Shìjiè Màoyì Zǔzhī
    WTO

注释 Notes

1. 哦？有什么优惠政策？
Oh? What are the favorable policies?

"哦"是叹词，表示有些相信，又有些怀疑。例如：

"哦", an interjection, indicating half belief with some doubt. For example:

（1）哦？他也要来参加我们的会？
Oh? Is he coming to our meeting as well?

（2）哦？你来中国才半年？
Oh? Have you been here in China for only half a year?

2. 得好好调查研究一下当地的投资环境才行啊。
You have to carry out intensive research into the local investment environment.

"得"（děi）是助动词，表示情理上、意志上或事实上的必要。不能单独回答问题。表示否定用"不用"、"用不着"或"甭"，不能用"不得"。例如：

"得", an auxiliary verb, indicating a necessity in terms of common sense, determination or factual reality. It cannot be used to reply to questions. The negative form is "不用", "用不着" or "甭", not "不得". For example:

（1）你得快点儿，要不就晚了。
You have to be quicker, or you'll be late.

（2）A：这件事得告诉妈妈。
We have to tell Mom about this.
B：用不着，我自己就能做好。
Not necessary. I can handle it myself.

"得……才行"表示"应该（必须）……"，前边常有一个表示假设的句子。例如：

"得……才行" indicates "should (must)...", usually preceded by a sentence denoting supposition. For example:

（1）要想治好病，得听医生的话才行。
If you want to cure your disease, you have to listen to the doctor.

（2）如果想跟她交朋友的话，得经过她父母同意才行呢。
If you want to date with her, you have to ask for her parents' permission.

3. 要抓住机会，该出手时就出手。

You must seize the opportunities and just do what you're supposed to do.

"该……就……"表示应该干什么的时候就要干什么。例如：

"该……就……", indicates "do what is proper when the time is right". For example:

（1）别想那么多了，该吃就吃，该睡就睡。

Don't think too much about it. Just eat when you're hungry and sleep when you're sleepy.

（2）该结婚时就结婚，别老拖着。

Just get married when you're supposed to; don't always delay.

4.《中西部地区外商投资优势产业目录》

"Catalogue of Priority Industries for Foreign Investment in the Central-Western Region"

国家发改委和商务部共同修订了2004年版的《中西部地区外商投资优势产业目录》，已于2009年1月1日正式实施。新《目录》进一步扩大了中西部地区开放的领域和范围，适当放宽限制，促进产业转移有序承接，有利于发挥中西部地区资源、产业、劳动力等优势，推动中西部地区经济可持续发展。《目录》以中西部各省（市、区）为范围编列。列入《目录》的条目可以享受鼓励类外商投资项目优惠政策。

The State Development and Reform Commission and the Ministry of Commerce jointly revised the "2004 Catalogue of Priority Industries for Foreign Investment in the Central-Western Region", which has come into force since January 1, 2009. The new Catalogue further expands the fields and range for the opening of the central-western region, moderately relaxes the relevant restrictions, and promotes the ordered integration of transferred industries, so as to bring into play the advantages of resource, industry and labor in the central-western region for a sustainable economic development. The Catalogue is catagorized in accordance with the different provinces (municipalities and districts) of the central-western region. The entries listed in the Catalogue are entitled to the favorable policies connected with the encouraged industries available for foreign investment.

练习
Exercises

一、跟读生词并且纠音。
Read the new words after the teacher and correct your pronunciation.

二、跟读课文并且纠音。
Read the texts after the teacher and correct your pronunciation.

三、学生分组，分角色朗读课文一、二。
Divide the students into groups and read the texts 1 & 2 in different roles.

四、学生分组，不看书分角色表演课文一、二。
Divide the students into groups and role play the texts 1 & 2 without referring to the book.

五、角色扮演。（提示：角色可以互换。）
Role play. (Note: The roles can be exchanged.)

请参考课文一、二，使用课文中的语句完成下面的对话。

1. A是某跨国公司的总经理，B是副总经理，两个人谈在中国投资的问题。提示：
   （1）主要谈一谈在哪些领域投资。
   （2）哪些是新兴的、热点的投资领域。

2. A、B是某公司市场部的两位副经理，两个人谈谈怎样在中国东部地区和西部地区投资，各有什么优、劣势以及投资方式有什么不同。

六、把下面的每组词语组成句子。
Make a sentence with the following words in each group.

课文一：

1. 分别 中资 三 他们 公司 注资 向 家

2. 现在 产业 跨国 是 公司 高新 热点 投资 技术 的

3. 跨国 以往 的 制造业 最 是 密集 公司 投资

4. 目标 也 投资 的 服务业 公司 跨国 是

5. 扩大 一些 范围 听说 的 领域 了 投资

6. 的 开放 外商 现在 一些 对外 原来 领域 已经 了 禁止 投资

7. 控制 高耗能 受到 那些 和 产业 严格 高污染 的 了

8. 外商 领域 房地产业 的 重要 是 投资 很 以前 一个

9. 赶紧 吧 看 什么 了 就 好 项目 出手

课文二：

1. 中国 在 广 外商 投资 现在 地域 很 的

2. 地区 在 集中 投资 东部 大部分 都

3. 享受 很 的 能 到 优惠 政府 还 多 政策

4. 在 都 土地 有 方面 使用 优惠 税收 等等

5. 东部 在 优势 中西部 投资 各 地区 有 和

6. 好好 的 得 才 当地 投资 研究 环境 一下 行 调查

7. 的　在　太　投资　东西部　不　方式　一样　外商

8. 跨国　一　现在　又　的　新　投资　种　形式　并购　成为

9. 吗　投资　风险　在　大　中西部　那

10. 到　都　低　希望　降　风险　最　投资者　把

七、用“看好……”改写下面的句子。

Rewrite the following sentences with “看好……”.

1. 很多跨国公司认为投资高新技术产业很好。
2. 很多外商觉得中国有很大潜在市场。
3. 最近越来越多的跨国公司不想在制造业投资了。
4. 大部分外商愿意在中国东部地区投资。
5. 政策上的优惠和投资环境的改善让越来越多的外商选择投资中国的西部地区。

八、用“得……才行”改写下面的句子。

Rewrite the following sentences with“得……才行”.

1. 要跟中国人打交道，应该先学好汉语。

2. 要在中国投资，应该先了解中国的国情。

3. 要快速占领市场，应该掌握先进的技术。

4. 要赢得顾客的欢迎，产品应该做到价廉物美。

5. 要想找到一份好工作，首先应该写好自己的简历。

九、完成对话。
Complete the dialogues.

1．A：外商都在哪些方面的投资？

B：＿＿＿＿＿＿＿＿＿＿＿＿＿＿＿＿＿＿＿＿。

2．A:外商向哪些中资公司注资？

B:＿＿＿＿＿＿＿＿＿＿＿＿＿＿＿＿＿＿＿＿。

3．A:哪些公司是高新技术公司？

B:＿＿＿＿＿＿＿＿＿＿＿＿＿＿＿＿＿＿＿＿。

4．A:什么产业是跨国公司投资的热点？

B:＿＿＿＿＿＿＿＿＿＿＿＿＿＿＿＿＿＿＿＿。

5．A：以往跨国公司投资最密集的是什么产业？

B:＿＿＿＿＿＿＿＿＿＿＿＿＿＿＿＿＿＿＿＿。

6．A：世界上为什么有那么多的“中国制造”？

B:＿＿＿＿＿＿＿＿＿＿＿＿＿＿＿＿＿＿＿＿。

7．A：哪些是比较成熟的投资领域？

B:＿＿＿＿＿＿＿＿＿＿＿＿＿＿＿＿＿＿＿＿。

8．A：哪些是新增加的政府鼓励的投资领域？

B:＿＿＿＿＿＿＿＿＿＿＿＿＿＿＿＿＿＿＿＿。

9．A：哪些外商投资领域现在已经对外开放了？

B:＿＿＿＿＿＿＿＿＿＿＿＿＿＿＿＿＿＿＿＿。

10．A：哪些外商投资领域的限制增加了？

B:＿＿＿＿＿＿＿＿＿＿＿＿＿＿＿＿＿＿＿＿。

十、阅读理解。
Reading comprehension.

随着**北部湾**（běibùwān, Beibu Gulf）开放开发的不断推进，广西外资企业投资**规模**（guīmó，(a) scale; scope;size）日益增大，整体质量不断提高。截至2009年上半年，外商投资企业投资总额和注册资本分别比上年增长8.28%和8.95%，增长势头良好。

受国际**金融危机**（jīnróng wēijī，financial crisis）的冲击和影响，今年上半年广西外商投资企业发展速度有所放缓。虽然外商投资企业户数和投资规模有所增长，但**增幅**（zēngfú，increasing range）同比有所减少，比上年同期减少1个百分点，投资总额增幅比上年同期减少15.68个百分点，注册资本增幅比上年同期减少9.8个百分点。

从行业分布看，外商投资第三产业的比重上升较快，第二产业比重下降，产业结构趋向合理，但制造业仍属外商投资的重要领域。此外，批发零售业和商业服务业新增户数超过房地产业，成为近期第三产业投资热点。（摘自新华网）

（一）回答问题。Answer the questions.

1. 为什么广西外资企业投资规模日益增大？
2. 为什么今年上半年广西外商投资企业发展速度有所放缓？
3. 广西外资企业投资哪些方面比上年有所减少？
4. 广西外资企业投资哪些方面比上年有所增加？
5. 广西外资企业的行业分布如何？

（二）小组讨论。Group discussion.

请先参看地图，找到广西的地理位置，然后结合阅读材料介绍一下2009年广西外资企业投资的情况，最后结合课文所学内容，讨论一下中国东部地区和中西部外商投资的不同特点和未来发展趋势。

十一、复述课文一和课文二。
Retell the texts 1 & 2.

十二、完成任务。
Complete the tasks.

1．**小组任务**：几个人一组，请通过网络或者报纸了解外商在中国投资的情况，主要了解外商投资集中在哪些产业，并分析背后的原因。请每组成员一起写出一份简单的书面报告，并到课堂上向你的老师和同学报告。

2．**个人陈述**：如果你的公司要在中国内地投资办厂，你会选择中国的东部地区还是中西部地区？你会选择什么投资方式，如独资、合资控股还是与优势企业合作？请说一说原因。

第二单元

Unit 2

Zhōngguó gōngsī duìwài tóuzī

中国公司对外投资

The Chinese Companies Make Overseas Investment

课文一

Zǒu chūqù

走出去

Ruìhuá gōngsī xiǎng kāituò hǎiwài shìchǎng, kāi wán dǒngshìhuì hòu, zǒngjīnglǐ Wáng Wěi ràng zhùlǐ xiǎo Chén zhěnglǐ hǎo huìyì jìyào.

瑞华公司想开拓海外市场，开完董事会后，总经理王伟让助理小陈整理好会议纪要。

Wáng Wěi: Xiǎo Chén, dǒngshìhuì de huìyì jìyào zhěnglǐ de zěnmeyàng le?
王　伟：小陈，董事会的会议**纪要**整理得怎么样了？

Xiǎo Chén: Mǎshàng jiù zhěnglǐ hǎo le.
小　陈：马上就整理好了。

Wáng Wěi: Dǒngshìhuì yǐjīng tōngguò le kāituò hǎiwài shìchǎng de juéyì, kànlái wǒmen zhēn de yào zǒu chūqù le.
王　伟：董事会已经通过了开拓海外市场的**决议**，看来我们真的要走出去了。

Xiǎo Chén: Bǐ'ěr xiānsheng yào zài Zhōngguó kāi gōngsī, wǒmen yào zài Měiguó kāi gōngsī, zhēnshì "qǐng jìnlái, zǒu chūqù".
小　陈：比尔先生要在中国开公司，我们要在美国开公司，真是"请进来，走出去"。

Wáng Wěi: Shì a, zài rénmen de yìnxiàng zhōng, yuánlái, Zhōngguó shì lìyòng wàizī de dà guó. Xiànzài Zhōngguó de gōngsī yě kāishǐ chángshì duìwài tóuzī le.
王　伟：是啊，在人们的**印象**中，原来，中国是利用外资的大国。现在中国的公司也开始尝试对外投资了。

Xiǎo Chén: Wǒ juéde yǎnxià de jīnróng wēijī jì shì tiǎozhàn, yòu shì jīyù.
小　陈：我觉得**眼下**的**金融危机**既是**挑战**，又是**机遇**。

Wáng Wěi: Wǒmen gōngsī jiù shì yào zhuāzhù jīyù, dǎrù Měiguó shìchǎng.
王　伟：我们公司就是要抓住机遇，打入美国市场。

Xiǎo Chén: Wǒmen de chǎnpǐn zài Měiguó zhàn le bùshǎo shìchǎng fèn'é.
小　陈：我们的产品在美国**占**了不少市场**份额**。

Wáng Wěi: Rúguǒ wǒmen zài Měiguó jiànlì qǐ zìjǐ de xiāoshòu qúdào, jiù huì jiǎnshǎo zhōngjiān huánjié, kuòdà yínglì kōngjiān.
王　伟：如果我们在美国建立起自己的销售**渠道**，就会减少中间**环节**，扩大**盈利**空间。

Xiǎo Chén: Zhè zhǒng hǎiwài tóuzī móshì gēn Huáxīng gōngsī chàbuduō.
小　陈：这种海外投资**模式**跟华星公司差不多。

Wáng Wěi: Wǒ kàn guò Huáxīng de zīliào. Tāmen de yánfā zhōngxīn hé shēngchǎn jīdì dōu zài guónèi, hǎiwài gōngsī zhǔyào zuò yíngxiāo.
王　伟：我看过华星的资料。他们的**研发中心**和生产**基地**都在国内，海外公司主要做营销。

Xiǎo Chén: Hǎiwài gōngsī de fāzhǎn zhuàngdà, shǐ Huáxīng de chǎnpǐn zhúbù zhànlǐng le hǎiwài de mùbiāo shìchǎng.

小　陈：海外公司的发展**壮大**，使华星的产品**逐步占领**了海外的目标市场。

Wáng Wěi: Tāmen shì wǒmen de hǎo bǎngyàng a!

王　伟：他们是我们的好**榜样**啊！

Xiǎo Chén: Wǒmen gōngsī yě yǒu zhèyàng de chūkǒu guīmó hé shēngchǎn shílì. Bìjìng guónèi de láodònglì zīyuán、yuáncáiliào chéngběn dōu zhàn yōushì.

小　陈：我们公司也有这样的出口**规模**和生产**实力**。毕竟国内的劳动力资源、**原材料成本**都占优势。

Wáng Wěi: Zhècì dào hǎiwài tóuzī de juécè, huì shǐ gōngsī fāzhǎn chéng guójìhuà de dà gōngsī.

王　伟：这次到海外投资的**决策**，会使公司发展成国际化的大公司。

Xiǎo Chén: Kěndìng méi wèntí!

小　陈：肯定没问题！

Wáng Wěi: Xiànzài de wèntí shì, zài hǎiwài tóuzī yào shènzhòng, yào duō yánjiū chénggōng ànlì, shǎo zǒu wān lù.

王　伟：现在的问题是，在海外投资要**慎重**，要多研究成功**案例**，少走**弯路**。

Xiǎo Chén: Huìyì jìyào zhěnglǐ hǎo le, nín kàn xūyào fùyìn jǐ fèn……

小　陈：会议纪要整理好了，您看需要复印几份……

Text 1

Go overseas

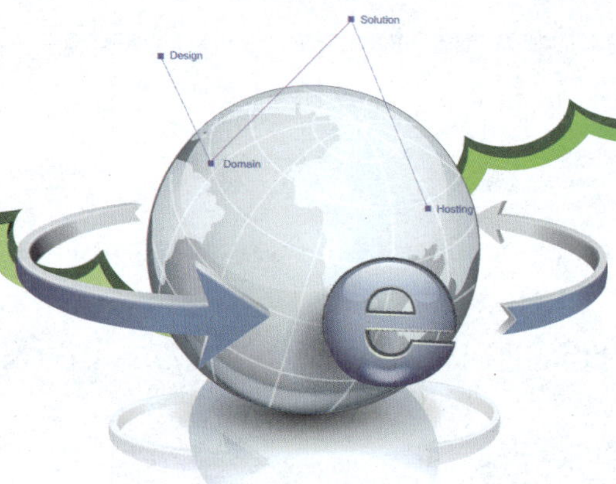

Ruihua Company intends to develop the overseas market. After the meeting of the Board of Directors, General Manager Wang Wei asks his assistant xiao Chen to provide him with the minutes.

Wang Wei: Xiao Chen, how are you doing with the meeting minutes?

Xiao Chen: I will finish it right away.

Wang Wei: The Board of Directors has decided to develop the overseas market. It seems we will really go overseas.

Xiao Chen: Bill is going to open a company here in China, and we'll open a company in the US. It's really like "invite them in and we'll go out".

Wang Wei: Right. People get the impression that China is a big country for foreign investment. And now the Chinese companies are beginning to make overseas investment.

Xiao Chen: I feel the current financial crisis represents both a challenge and an opportunity at the same time.

Wang Wei: Our company will seize the opportunity and enter the American market.

Xiao Chen: Our products have quite a big share of the American market.

Wang Wei: If we set up our own sales channels in the US, we'll be able to reduce the intermediate links and expand the space for our profits.

Xiao Chen: This mode of overseas investment is similar to that of Huaxing Company.

Wang Wei: I have read the backgrounds of Huaxiang Company. Their R&D center and manufacturing bases are both at home, and the overseas company mainly does the marketing and selling.

Xiao Chen: With the development and expansion of its overseas company Huaxing's products have gradually gained access to the overseas market.

Wang Wei: They represent an excellent example for us.

Xiao Chen: Our company has similar export volumes and manufacturing capacities. After all, China's labor resource and raw material cost all represent advantages.

Wang Wei: This decision for overseas investment might make our company develop into a big internationalized company.

Xiao Chen: That's for sure.

Wang Wei: Now the question is we must be cautious with our overseas investments, and we have to do more research on the successful cases and reduce the possibility of making mistakes.

Xiao Chen: The minutes are ready. How many copies do you think we need?

生词 New words

1	开拓	kāituò	to open up; to expand
2	海外	hǎiwài	overseas
3	董事会	dǒngshìhuì	the board of directors; a board meeting
4	整理	zhěnglǐ	to put things in order
5	纪要	jìyào	a summary of minutes
6	决议	juéyì	resolution
7	印象	yìnxiàng	impression
8	眼下	yǎnxià	current;now
9	金融危机	jīnróng wēijī	financial crisis

10	挑战	tiǎozhàn	challenge
11	机遇	jīyù	opportunity; chance
12	占	zhàn	to occupy
13	份额	fèn'é	share
14	渠道	qúdào	channel
15	环节	huánjié	link
16	盈利	yínglì	profit
17	模式	móshì	mode
18	研发中心	yánfā zhōngxīn	R & D center
19	基地	jīdì	base
20	壮大	zhuàngdà	grow in strength
21	逐步	zhúbù	step by step; gradually
22	占领	zhànlǐng	to capture
23	榜样	bǎngyàng	example; role model
24	规模	guīmó	(a) scale; scope;size
25	实力	shílì	actual strength; capacity
26	原材料	yuáncáiliào	raw material
27	成本	chéngběn	cost
28	决策	juécè	decision; make a strategic decision
29	慎重	shènzhòng	cautious
30	案例	ànlì	case
31	弯路	wānlù	a detour; bend road

专有名词 Proper nouns

1. 华星公司
   Huáxīng Gōngsī
   Huaxing Company

2. 陈
   Chén
   a Chinese surname

注释 Notes

1. 比尔先生要在中国开公司，我们要在美国开公司，真是“请进来，走出去”。
Bill is going to open a company here in China, and we'll open a company in the US. It's really like "invite them in and we'll go out".

“请进来，走出去”，这句话用在投资方面，“进来”指在中国投资，“出去”说的是去海外投资。中国改革开放以来，外资企业进入中国、分享中国市场的情况，我们称为“请进来”。进入新世纪以后，中国经济必须考虑新的发展空间，在外资企业走进来的同时，中国有实力的企业也开始“走出去”，各自发挥优势，去海外投资，可以促进商品和劳务出口，培育中国具有国际竞争力的跨国企业和著名品牌。这会把中国对外开放提高到一个新水平。

在日常生活中，我们也常用这句话，表示既要把好的方法和经验请进来，也要走出去向别人去学习。

"请进来，走出去" here is used in terms of investment; "进来" refers to investing in China, and "出去" refers to investing overseas. Since China's reform and opening to the world, foreign enterprises have been invited into China sharing the Chinese market, which is called "invite them in". After the beginning of the new millennium, the Chinese economny must find its new space for development; while foreign enterprises are coming in, strong Chinese companies are beginning to "go out". The overseas investment of the Chinese companies with their respective advantages will help promote the export of labor and commodities and foster internationally competitive Chinese enterprises and brands. This will bring China's opening to a new and higher level.

In our daily life we often use this phrase as well, indicating we not only need to let the good methods and experience in, but also need to go out to learn from others.

2. 在海外投资要慎重，要多研究成功案例……

We must be cautious with overseas investment, and we have to do more rescarch on the successful cases…

“多”可以放在动词前，做状语，不带“地”。例如：

“多” may be put before the verb as an adverbial, without “地”. For example:

（1）外面很冷，多穿点衣服。

It’s cold outside, put on more clothes.

（2）我吃饱了，你们多吃点吧。

I’m full, just eat more yourselves.

（3）我有事先走，你们多坐一会儿。

I must go now, you just stay longer.

“多”在动词前作状语还可以用在一些客套话里。例如：请多关照。/ 多多关照。

“多” put before the verb as an adverbial, may also be used in some compliments. For example: 请多关照。/ 多多关照。

3. ……少走弯路。

... reduce the possibility of making mistakes.

“走弯路”是习惯用语，表示做某事时没找到有效的方法，花费了不必要的工夫。例如：

“走弯路” is a popular phrase, indicating no effective methods are found in doing something and therefore unnecessary efforts are made. For example:

（1）我刚学汉语时，走了不少弯路。

When I began to learn Chinese, I went quite a few detours.

（2）你刚进公司，要虚心向别人请教，这样才能避免走弯路。

When you first enter a company, you should ask for others’ help with a modest attitude, so you can avoid going detours.

课文二

Shuǐ tǔ bù fú
水土不服

Bǐ' ěr yǒudiǎnr bù shūfu, Wáng Wěi lái kànwàng tā.

比尔有点儿不舒服，王伟来看望他。

Wáng Wěi: Zěnmeyàng, xiànzài hǎo diǎnr le ma?

王　伟：怎么样，现在好点儿了吗？

Bǐ'ěr: Hǎo duō le, kěnéng yǒudiǎnr shuǐ tǔ bù fú.
比　尔：好多了，可能有点儿**水土不服**。

Wáng Wěi: Dào Zhōngguó zhème jiǔ le, hái méi shìyìng huánjìng ya. Nǐ kěyǐ shì zhe chī diǎnr zhōngyào, tiáolǐ yíxiàr.
王　伟：到中国这么久了，还没**适应**环境呀。你可以试着吃点儿**中药**，**调理**一下儿。

Bǐ'ěr: Hǎo de. Tīngshuō nǐ zuìjìn zhèngzài máng hǎiwài tóuzī de shì, shùnlì ma?
比　尔：好的。听说你最近正在忙海外投资的事，顺利吗？

Wáng Wěi: Zhèngzài tán, yǒuxiē shì háiyào xiàng nǐ qǐngjiào ne.
王　伟：正在谈，有些事还要向你请教呢。

Bǐ'ěr: Wǒ juéde nǐmen zài hǎiwài tóuzī yě yào zhùyì "shuǐ tǔ bù fú".
比　尔：我觉得你们在海外投资也要注意"水土不服"。

Wáng Wěi: Wèi shénme zhèyàng shuō ne?
王　伟：为什么这样说呢？

Bǐ'ěr: Nǐkàn, bùguǎn nǐmen shì xiǎng shèlì xiāoshòu wǎngdiǎn, háishì tóuzī jiànchǎng, huòzhě shì bìnggòu qítā qǐyè, dōu yào liáojiě Měiguó de qíngkuàng.
比　尔：你看，不管你们是想**设立**销售**网点**，还是投资建厂，或者是并购其它企业，都要了解美国的情况。

Wáng Wěi: Jiù xiàng nǐ yào liáojiě Zhōngguó de qíngkuàng yíyàng.
王　伟：就像你要了解中国的情况一样。

Bǐ'ěr: Duì ya, bǐrú shuō, zài Měi tóuzī jiànchǎng, jiùyào liáojiě yíxià, nǐmen zài dāngdì kěyǐ xiǎngshòu nǎxiē yōuhuì zhèngcè.
比　尔：对呀，比如说，在美投资建厂，就要了解一下，你们在当地可以享受哪些优惠政策。

Wáng Wěi: Nǐ shì zhīdào de, zài Měi jiànchǎng, chéngběn tài gāo. Wǒmen de chūbù dǎsuàn shì kāizhǎn yíngxiāo huódòng.
王　伟：你是知道的，在美建厂，成本太高。我们的**初步**打算是开展营销活动。

Bǐ'ěr: Zhèyàng yě búcuò ya, xiān dēnglù shìchǎng zàishuō.
比　尔：这样也不错呀，先**登陆**市场再说。

Wáng Wěi: Kěshì wànshì kāitóu nán, nǐ yǒu shénme hǎo jiànyì?

王 伟：可是**万事开头**难，你有什么好建议？

Bǐ'ěr: Wǒ jiànyì nǐmen hǎohao liáojiě yíxià Měiguórén de xiāofèi xīnlǐ hé tónglèi chǎnpǐn de shìchǎng xìnxī.

比 尔：我建议你们好好了解一下美国人的**消费心理**和同类产品的市场信息。

Wáng Wěi: Gōngsī yǐjīng wěituō zhuānyè diàochá gōngsī zuò zhè fāngmiàn de shì le.

王 伟：公司已经**委托**专业调查公司做这方面的事了。

Bǐ'ěr: Háiyǒu, zuì zhòngyào de shì, yào yánjiū Měiguórén de guǎnlǐ fāngfǎ.

比 尔：还有，最重要的是，要研究美国人的管理方法。

Wáng Wěi: Nǐ tíxǐng de duì, hé guójì jiēguǐ yīnggāi shì quánfāngwèi de, ruǎnjiàn、yìngjiàn dōu yào zhǔnbèi.

王 伟：你**提醒**得对，和国际**接轨**应该是**全方位**的，**软件**、**硬件**都要准备。

Bǐ'ěr: Guānjiàn shì guǎnlǐ de běntǔhuà. Měiguórén de guǎnlǐ fāngshì gèng zìyóu、gèng wùshí.

比 尔：**关键**是管理的本土化。美国人的管理方式更**自由**、更**务实**。

Wáng Wěi: Wǒmen huì zài Měiguó zhāopìn yǒu zhēn cái shí xué de guǎnlǐ rényuán. Měiguó péiyǎng le hěnduō shāngyè jīngyīng, zhè qízhōng yě yǒu bùshǎo Zhōngguó liúxuéshēng.

王 伟：我们会在美国招聘有**真才实学**的管理人员。美国培养了很多商业**精英**，这其中也有不少中国的留学生。

Bǐ'ěr: Kànlái nǐmen gōngsī yǒu hěn hǎo de jìhuà, zhǔnbèi de hěn chōngfèn.

比 尔：看来你们公司有很好的计划，准备得很**充分**。

Wáng Wěi: Wǒ háishì yào duō hé nǐ liáoliao, qǐng nǐ kāi yìxiē zhìliáo “shuǐ tǔ bù fú” de yàofāng.

王 伟：我还是要多和你聊聊，请你**开**一些**治疗**“水土不服”的**药方**。

Bǐ'ěr: Wǒ de yàofāng hěn jiǎndān: rù xiāng suí sú.

比 尔：我的药方很简单：**入乡随俗**。

Text 2

Unacclimatized

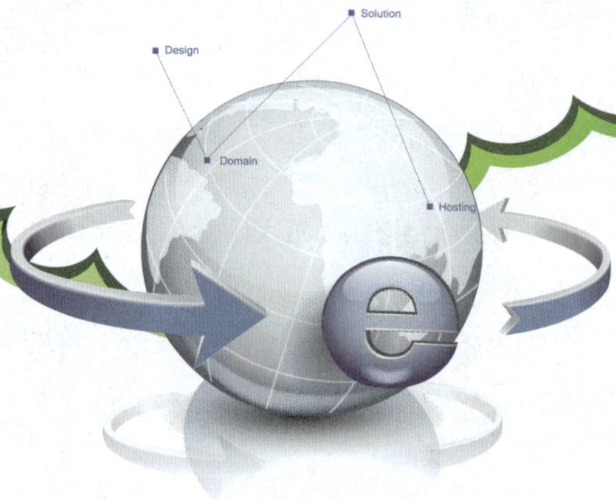

Bill feels unwell. Wang Wei comes to see him.

Wang Wei: So are you feeling better now?

Bill: Much better. Maybe I'm a bit unacclimatized.

Wang Wei: You've been in China for so long. Haven't you adapted yourself to the environment here yet? Try some Chinese medicine and take good care of yourself.

Bill: OK. I hear you've been busy with the issue of overseas investment. How is it going?

Wang Wei: Coming along. And I need your advice on quite a few things.

Bill: I think your overseas investment may also encounter the issue of "unacclimatization".

Wang Wei: Why is that?

Bill: Look, whether you want to set up sales networks, invest to build factories, or take over other companies, you have to understand the culture in the US.

Wang Wei: Just like you need to understand the conditions here in China.

Bill: Exactly. For instance, if you want to build factories, you have to know what favorable local policies you are entitled to.

Wang Wei: As you know, it is too costly to build a factory in the US. Our preliminary plan is to conduct marketing activities.

Bill: That's a good idea to land in the market before anything else.

Wang Wei: But the beginning is always the most difficult in doing everything. Do you have any suggestions?

Bill: I advise you to know more about the mentality of the American consumers and the market information of similar products.

Wang Wei: Our company has already hired a market research company .

Bill: Moreover, the most important is to study the American management methodologies.

Wang Wei: You're right to remind me. It's a comprehensive process to get integrated into the global economy; both the software and hardware need to be prepared.

Bill: The key is the localization of management. The American way of management is more free and practical.

Wang Wei: We will recruit capable management personnel from the US. The US has cultivated many elite businessmen, among whom there are also many Chinese overseas students.

Bill: It seems to me your company has very good plans and has prepared very well.

Wang Wei: I really want to chat a little more with you, and would you please give me a prescription for "unacclimatization"?

Bill: My prescription is very simple: When in Rome, do as the Romans do.

生词 New words

1	水土不服	shuǐtǔbùfú	unacclimatized
2	适应	shìyìng	to adapt
3	中药	zhōngyào	Chinese medicine
4	调理	tiáolǐ	to recuperate
5	设立	shèlì	to establish; to set up
6	网点	wǎngdiǎn	network
7	初步	chūbù	initial; preliminary
8	登陆	dēnglù	to land
9	万事	wànshì	everything; all things

10	开头	kāitóu	beginning
11	消费	xiāofèi	to consume
12	心理	xīnlǐ	mentality
13	委托	wěituō	entrust
14	提醒	tíxǐng	to remind
15	接轨	jiēguǐ	to be in line with; to get integrated into
16	全方位	quánfāngwèi	comprehensive
17	软件	ruǎnjiàn	software
18	硬件	yìngjiàn	hardware
19	关键	guānjiàn	key
20	本土化	běntǔhuà	localization
21	自由	zìyóu	free
22	务实	wùshí	practical
23	真才实学	zhēn cái shí xué	real ability and learning
24	精英	jīngyīng	elite
25	开	kāi	to write
26	治疗	zhìliáo	to cure
27	药方	yàofāng	prescription
28	入乡随俗	rùxiāngsuísú	When in Rome, do as the Romans do

注释 Notes

1. 可能有点儿水土不服。

Maybe I'm a bit unacclimatized.

"水土"，名词，可以用来泛指自然环境和气候。"水土不服"是说人们刚到一个陌生的自然环境中，会感到不适应，身体会有些不舒服。课文中把这个词用在了海外投资方面，形象地说明，外国公司在非本土投资时，会有一个适应过程。

“水土”, noun, used to refer to natural environment and climate. “水土不服” indicates one would feel unfit and unwell when he comes into a strange natural environment. The phrase is used in the text to describe vividly the overseas investment, indicating foreign investment needs a process of adaptation.

2. 这样也不错呀，先登陆市场再说。

That's a good idea to land in the market before anything else.

“先……再说”在口语中常用，表示先做什么，其它的事以后再考虑、再做。表示出先做的事是说话人认为更重要的。例如：

“先……再说” is often used in oral Chinese, indicating something might be considered or done first before other things. What is done first is considered more important by the speaker. For example:

（1）不要收拾行李了，先填饱肚子再说。

Don't pack up the luggage now, let's eat first.

（2）别争了，先把投标意向书交上去再说。

Don't quarrel now, let's submit the letter of bidding intent first of all.

（3）市场调研的事儿，我先考虑考虑，过两天再说。

I'll think about the market research first, let's discuss it in one or two days.

3. 可是万事开头难，你有什么好建议？

But the beginning is always the most difficult in doing everything. Do you have any suggestions?

“万事开头难”是一句俗语，表示刚开始做事时，都会遇到一些困难。有时这句话的后面跟一些安慰、鼓励的话。例如：

“万事开头难” is a popular phrase, indicating you will meet some difficulties when you begin to do something. Sometimes it is followed by comforting and encouraging words. For example:

（1）万事开头难，你刚开始写汉字，已经写得很不错了。

The beginning is always the most difficult for everything. Now you just begin to write Chinese characters, and you've already done quite well.

（2）万事开头难，只要我们的产品能打入北京市场，我们的生意会越来越火的。

The beginning is always the most difficult for everything. As long as our products enter the Beijing market, our business will surely prosper.

4．国际接轨应该是全方位的，软件、硬件都要准备。

It should be a comprehensive process to get integrated into the global economy; both the software and hardware need to be prepared.

“软件、硬件”原来是用于计算机方面的词。“软件”可以借来指生产、科研、经营等过程中的人员的素质、管理水平、服务质量等。同时，“硬件”就是借来指生产、科研、经营等过程中的机器设备、物质材料等。现在也常常在投资环境方面引用这两个词，比如，在经济开发区，软件是指优惠政策等，硬件是说厂房等基础设施等。

“软件、硬件”are originally computer terminologies.“软件”is borrowed to refer to quality of human resources, management level and service quality in the process of production, scientific research and operation.“硬件”is borrowed to refer to machines, equipment and materials of the same process. Now the two words are often used in the investment environment. For example, software refers to favorable policies while hardware refers to infrastructure such as factory buildings.

5．我的药方很简单：入乡随俗。

My prescription is very simple: When in Rome, do as the Romans do.

“入乡随俗”是指人如果到了一个陌生的地方就要按照当地的风俗习惯生活，尽快适应环境。课文中是指在海外投资的中国企业要实现经营管理的本土化，只有这样，才能真正占领海外市场。

“入乡随俗”means when one goes to a strange place, he should adapt himself and live his life according to the local customs. In the text it indicates that the Chinese enterprises making overseas investment must realize the localization of management in order to occupy overseas markets.

课文三

Nǎ néng yì kǒu jiù chī chéng ge pàngzi

哪能一口就吃成个胖子

Bǐ'ěr bìng hǎo hòu, qǐng Wáng Wěi、Zhào Hóng、Qí Yuǎn chīfàn.

比尔病好后，请王伟、赵红、齐远吃饭。

Bǐ'ěr: Zhè jiā "Wàipó de Chúfáng" shì dìdao de Měiguó fànguǎn, nǐmen kànkan càidān, xiǎng chī shénme, wǒ qǐngkè.

比　尔：这家**"外婆的厨房"**是**地道**的美国饭馆，你们看看菜单，想吃什么，我请客。

Wáng Wěi: Nǐ xiànzài shuōhuà de shéntài yuèlaiyuè xiàng Zhōngguórén le.

王　伟：你现在说话的**神态**越来越像中国人了。

Bǐ'ěr: Wǒ yǐjīng wánquán shìyìng zhèlǐ de shuǐtǔ le.
比　尔：我已经完全适应这里的水土了。

Zhào Hóng: Nǐ gěi wǒmen tuījiàn yìxiē tèsècài ba.
赵　红：你给我们**推荐**一些**特色菜**吧。

Qí Yuǎn: Shì ya, jīntiān nǐ zuòdòng, wǒmen kè suí zhǔ biàn.
齐　远：是呀，今天你**做东**，我们客随主便。

(Diǎn wán cài hòu, tāmen biān děng biān liáo.)
（点完菜后，他们边等边聊。）

Qí Yuǎn: Wáng zǒng, tīngshuō nǐmen gōngsī yào zǒu xiàng shìjiè, zài Měiguó tóuzī le.
齐　远：王总，听说你们公司要走向世界，在美国投资了。

Wáng Wěi: Mùqián zhèngzài jiēqià.
王　伟：目前正在**接洽**。

Zhào Hóng: Hǎiwài tóuzī shì yì gǔ cháoliú ba. Qíshí, Zhōngguó de shìchǎng zhème dà, lādòng nèixū bú jiù déle.
赵　红：海外投资是**一股潮流**吧。其实，中国的市场这么大，**拉动内需**不就得了。

Qí Yuǎn: Āiyā, nǐ de xiǎngfǎ yǐjīng luòwǔ le, qǐyè yào xiǎng zuòdà, bìxū zǒu chūqù.
齐　远：**哎呀**，你的想法已经**落伍**了，企业要想做大，必须走出去。

Wáng Wěi: Nǐ zhēnshì rén rú qí míng, Qíyuǎn, Qíyuǎn, yǎnguāng hěn chángyuǎn ma.
王　伟：你真是人如其名，齐远，齐远，**眼光**很**长远**嘛。

Qí Yuǎn: Bù mán nǐ shuō, wǒ hái zhēn yánjiū guo yìxiē hǎiwài tóuzī de ànlì.
齐　远：不**瞒**你说，我还真研究过一些海外投资的案例。

Bǐ'ěr: Kuài shuōlái tīngting.
比　尔：快说来听听。

Qí Yuǎn: Bǐrú Hǎi' ěr jítuán,tāmen zài hǎiwài tóuzī hé kuà guó jīngyíng guòchéng zhōng, shǐzhōng yǐ dǎzào zìzhǔ guójì pǐnpái wéi héxīn mùbiāo.
齐　远：比如**海尔集团**，他们在海外投资和跨国**经营**过程中，**始终**以**打造自主**国际**品牌**为**核心**目标。

Zhào Hóng: Wǒ shàngxué shí, zhè shì yíge jīngdiǎn ànlì.
赵　红：我上学时，这是一个**经典**案例。

Qí Yuǎn: Hǎi’ ěr jítuán shíshī de shì guójìhuà zhànlüe, zhège Zhōngguó míngpái yǐjīng chéngwéi shìjiè míngpái le.
齐　远：海尔集团**实施**的是国际化战略，这个中国名牌已经成为世界名牌了。

Wáng Wěi: Wǒmen xiànzài kě bù néng gēn Hǎi’ ěr jítuán bǐ, tāmen duō yǒu shílì ya.
王　伟：我们现在可不能跟海尔集团比，他们多有实力呀。

Zhào Hóng: Tāmen zài hǎiwài bàn chǎng shí, tóuzīfāng shì Hǎi’ ěr, shēngchǎn de chǎnpǐn yě shì Hǎi’ ěr pái de.
赵　红：他们在海外办厂时，投资方是海尔，生产的产品也是海尔牌的。

Qí Yuǎn: Zhè bù guāng yào yǒu yǎnguāng, hái xūyào jùbèi xiānjìn de jìshù、xiónghòu de zījīn.
齐　远：这不光要有眼光，还需要具备先进的技术、**雄厚**的资金。

Wáng Wěi: Shì ya, Hǎi’ ěr jítuán mào le hěn dà de fēngxiǎn, zhēnde bù róngyì.
王　伟：是呀，海尔集团**冒**了很大的风险，真的不容易。

Bǐ'ěr: Tāmen zhǔyào shì shíshī shèjì、shēngchǎn、xiāoshòu “sān wèi yì tǐ” de běntǔhuà zhànlüe, zài ōuměi shùlì qǐ le běntǔhuà de míngpái xíngxiàng.
比　尔：他们主要是实施设计、生产、销售“**三位一体**”的本土化战略，在欧美**树立**起了本土化的名牌**形象**。

Zhào Hóng: Xiànzài Hǎi’ ěr zài Měiguó zěnmeyàng?
赵　红：现在海尔在美国怎么样？

Bǐ'ěr: Hǎi’ ěr de chǎnpǐn zài Měiguó mài de hěn huǒ.
比　尔：海尔的产品在美国卖得很火。

Zhào Hóng: Wǒ bú shì gěi nǐmen pō lěngshuǐ, néng yǒu jǐ gè Hǎi’ ěr zhèyàng de qǐyè ya.
赵　红：我不是给你们**泼冷水**，能有几个海尔这样的企业呀。

Qí Yuǎn: Jù wǒ suǒ zhī, Hǎi’ ěr yě shì yí bù bù zài shìjiè shàng zhàn wěn jiǎogēn de, nǎ néng yì kǒu jiù chī chéng ge pàngzi ne.
齐　远：据我所知，海尔也是一步步在世界上站稳脚跟的，哪能一口就吃成个胖子呢。

Bǐ'ěr: Cài lái le, dàjiā biān chī biān liáo ba, wǒmen dōu huì biàn chéng pàngzi de.
比　尔：菜来了，大家边吃边聊吧，我们都会变成胖子的。

Text 3

It's impossible to get fat on a single meal

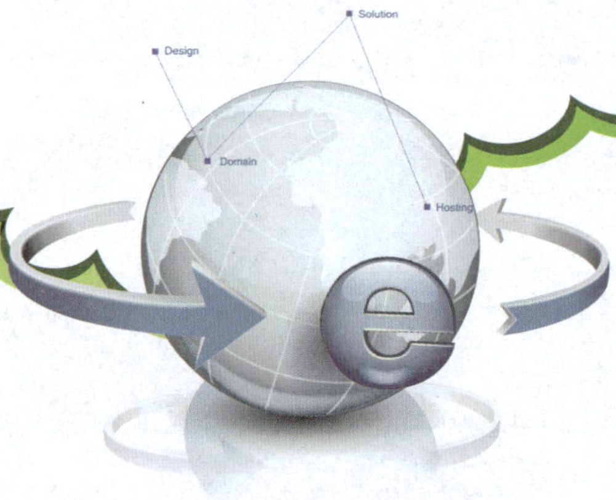

Bill recovers and invites Wang Wei, Zhao Hong and Qi Yuan to dinner.

Bill: "The Grandma's Kitchen" is a genuine American restaurant. Take a look at the menu, and just order whatever you want to eat. Be my guests.

Wang Wei: Now the way you speak is more and more like a Chinese.

Bill: I have become completely acclimatized here.

Zhao Hong: Just recommend some of the specialties to us.

Qí Yuǎn: Right. Today you're the host; we'll just follow your preferences.

(*After ordering they wait and chat.*)

Qí Yuǎn: Mr. Wang, I hear your company is going international and making investment in the US.

Wang Wei: Currently we are just in the process of communications.

Zhao Hong: Overseas investment is just a faddish trend. In fact China has a huge market; stimulating domestic demand will be enough.

Qí Yuǎn: Oh! Your idea is already dated. An enterprise must go international if you want to make it big.

Wang Wei: You are just like your name. Qi Yuan, Qi Yuan, your vision is far and wide.

Qí Yuǎn: To be frank, I have really studied some cases of overseas investments.

Bill: Just tell us.

Qí Yuǎn: Haier Group, for instance, its core objective is always to build an independent international brand all through the process of overseas investment and international operations.

Zhao Hong: During my college years, they were a classic case.

Qí Yuǎn: Haier Group has adopted strategies of internationalization. The Chinese brand has become an international brand.

Wang Wei: We cannot compare ourselves to Haier Group now; they are so powerful.

Zhao Hong: When they build an overseas factory, the investor is Haier, and the products are also part of the Haier brand.

Qí Yuǎn: That not only requires a vision, but also requires advanced technologies and abundant funds.

Wang Wei: Yes, Haier Group has taken quite many risks, and that's very difficult.

Bill: They adopted a three-stage localization strategy including designing, manufacturing, and selling. They have successfully established the image of a local famous brand in Europe and the US.

Zhao Hong: How is Haier doing in the US?

Bill: Haier products sell very well in the US.

Zhao Hong: I don't want to disappoint you, but such enterprises as Haier are quite few in China.

Qí Yuǎn: As far as I know, Haier established itself in a gradual process as well. It's impossible to get fat on a single meal.

Bill: The dishes are ready. Let's eat and chat. We'll all get fat.

生词 New words

1	地道	dìdao	genuine
2	神态	shéntài	expression
3	推荐	tuījiàn	to recommend
4	特色菜	tèsècài	specialty
5	做东	zuòdōng	to be the host
6	接洽	jiēqià	to consult with
7	股	gǔ	(measure word)for a long,narrow thing
8	潮流	cháoliú	trend

9	拉动	lādòng	to stimulate; to pull
10	内需	nèixū	domestic demand
11	哎呀	āiyā	Oh
12	落伍	luòwǔ	dated
13	眼光	yǎnguāng	foresight
14	长远	chángyuǎn	long-range
15	瞒	mán	to hide the truth
16	经营	jīngyíng	to operate (a business); to manage
17	始终	shǐzhōng	from the beginning to the end
18	打造	dǎzào	to make
19	自主	zìzhǔ	act on one's own
20	品牌	pǐnpái	brand
21	核心	héxīn	core
22	经典	jīngdiǎn	classic
23	实施	shíshī	to carry out
24	雄厚	xiónghòu	abundant,ample
25	冒（险）	mào（xiǎn）	to risk
26	三位一体	sān wèi yì tǐ	three-stage
27	树立	shùlì	to establish
28	形象	xíngxiàng	image
29	泼冷水	pō lěngshuǐ	to disappoint

专有名词 Proper nouns

1. 外婆的厨房
   Wàipó de Chúfáng
   Grandma's Kitchen(a name of a restaurant)
2. 海尔集团
   Hǎi'ěr Jítuán
   Haier Group

注释 Notes

1. 中国的市场这么大，拉动内需不就得了。

In fact China has a huge market; stimulating domestic demand will be enough.

“拉动内需”这个词现在经常出现在中国的新闻报道中，世界金融危机爆发后，出口贸易受到一些影响，所以有关部门调整了经济贸易策略，在中国国内开拓更大的市场潜力。

“拉动内需” often appears in the news of China. Since the financial crisis broke out, China’s export trade has been affected. Therefore the relevant authorities adjusted the economic and trade strategies by stimulating domestic market potentials.

2. 中国的市场这么大，拉动内需不就得了。

In fact China has a huge market, stimulating domestic demand will be enough.

“不就得了”或“就得了”常用在口语中，表示这样做就可以了。例如：

“不就得了”or“就得了”is often used in oral Chinese, indicating it’s enough to do so. For example:

(1) 我不说了不就得了，你不要生气了。

I won’t say anything now; don’t get mad at me.

(2) 不用加班，明天早点来不就得了。

Don’t work overtime; coming earlier tomorrow will do.

(3) 你不喜欢吃中餐，咱们去吃西餐不就得了。

You don’t like Chinese cuisine; let’s just go to a western restaurant.

3. 不瞒你说，我还真研究过一些海外投资的案例。

To be frank, I have really studied some cases of overseas investment.

“不瞒你说”常用在口语中，提示听话人注意后面是要说明真实的情况。例如：

“不瞒你说”, often used in oral Chinese, reminding the listener that a “truth” will be followed. For example:

(1) 不瞒你说，我真的不喜欢在饭馆吃饭。

To be frank, I really don’t like to eat at restaurants.

（2）不瞒您说，这份报告是赵红做的。

To be frank, the report was done by Zhao Hong.

（3）不瞒你们说，我喜欢马莉。

To be frank, I like Mary.

4. 我不是给你们泼冷水，能有几个海尔这样的企业呀。

I don't want to disappoint you, but such enterprises as Haier are quite few.

"给……泼冷水"是习惯用语，比喻打击人的积极性或让人头脑清醒。例如：

"给……泼冷水" is a popular phrase, used to mean "to sap somebody's enthusiasm" or "to make somebody's head clear". For example:

（1）我说从今天开始减肥，可是姐姐却给我泼冷水，说我肯定坚持不了几天。

I said I would begin to lose weight from today, but my sister disappointed me, saying I would not be able to persevere.

（2）她这个人总是喜欢给别人泼冷水，你别理她。

She always likes to disappoint others; just don't listen to her.

5. 海尔也是一步步在世界上站稳脚跟的。

Haier established itself in a gradual process as well.

"站稳脚跟"形象地说明人或公司在竞争中坚持了下来。例如：

"站稳脚跟" is a vivid description of someone or a company surviving the competition. For example:

（1）由于业绩突出，小王慢慢在公司站稳了脚跟。

Because of his outstanding performances, Xiaowang gradually established himself in the company.

（2）这个店由于经营得好，现在已经在北京市场上站稳脚跟了。

With its excellent management and operation, the shop has established itself in the Beijing market.

6. 哪能一口就吃成个胖子呢。

It's impossible to get fat on a single meal.

"一口就吃成个胖子"是说一下子就做成了某事。"哪能一口就吃成个胖子呢"常用于劝别人不要急功近利。

"一口就吃成个胖子" means "to accomplish something right away". "哪能一口就吃成个胖子呢" is used to advise someone not to be too anxious.

练习
Exercises

一、跟读生词并且纠音。
Read the new words after the teacher and correct your pronunciation.

二、跟读课文并且纠音。
Read the texts after the teacher and correct your pronunciation.

三、学生分组，分角色朗读课文一、二、三。
Divide the students into groups and read the texts 1，2 and 3 in different roles.

四、学生分组，不看书分角色表演课文一、二、三。
Divide the students into groups and role play Text 1，2 and 3 without referring to the book.

五、角色扮演。（提示：角色可以互换。）
Role play. (Note: The roles can be exchanged.)

请参照课文一、二、三中对于投资的一些看法，学习使用他们说过的话。五位同学一组，分别扮演不同的角色，进行对话。

情景：一家生产冰箱的中国企业要在南美地区投资。模拟召开董事会，商讨海外投资事宜。

主要议题：比较建立营销机构、投资建厂、创立自主品牌的利弊。每个人都要说出自己的看法。最后要投票表决，得出结论。

六、替换练习。
Substitution drills.

1. 我觉得眼下的金融危机 + 既是挑战， + 又是机遇。

要学好经贸汉语	要学汉语	要学经贸知识
老板对公司的员工	严格管理	处处关心
小王是我们的榜样，他	认真思考	积极实践

2. 我们的产品在美国 + 占 + 了不少市场份额。

我们班的女生	80%
这个牌子的冰箱	北方市场15%的份额
我的业务提成	总收入的很大比重

3. 在海外投资要慎重，要多 + 研究成功案例……

北方的冬天特别冷	带衣服
练习汉语口语不能爱面子	和中国人聊天
进入市场之前	做市场调查

4. (1) 不管你们设立销售网点，+ 还是投资建厂，+ 或者是并购其它企业，+ (2) 都要了解美国的情况。

(1) 你在中国做生意	旅游	生活	(2) 了解中国文化
(1) 你是出国留学	找工作	自己开公司	(2) 努力奋斗
(1) 你是谈恋爱	结婚	生孩子	(2) 让我们知道

5. 这样也不错呀，先 + 登陆市场 + 再说。

你别急着回家　　　　逛逛商店

买那么多参考书没用　　学好课本

不用准备出差的东西　　打好这份合同

6. 中国的市场这么大，拉动内需 + 不就得了。

你别再教训我了，我按时写完作业

什么钱不钱的，活得开心

这有什么难的，按照说明书去做

7. 不瞒你说，我 + 还真 + 研究过一些海外投资的案例。

小王　　　　不喜欢吃烤鸭

老板　　　　告诉过我这件事

我　　　　　不知道怎么修理电脑

8. 这不光要有眼光，+ 还需要具备先进的技术、雄厚的资金。

要花很多钱　　不一定有理想的效果

帮助了别人　　可以让你在公司站稳脚跟

需要勇气　　　需要真才实学

七、把下面每组词语组成句子。

Make a sentence with the following words in each group.

课文一：

1. 的　会议　董事会　整理　怎么样　纪要　了　得

2. 了　的　决议　通过　董事会　已经　海外　市场　开拓

3. 在　人们　的　外资　的　印象　中国　是　利用　中　原来　大国

4. 这　投资　跟　模式　华星　种　海外　公司　差不多

5. 毕竟　资源　都　占　原材料　成本　优势　国内　的　劳动力

6. 使　会　公司　化　发展　国际　的　大公司　这　成

课文二：

1. 要　向　有些　呢　事　还　你　请教

2. 的　初步　活动　我们　打算　营销　是　开展

3. 了　的　公司　做　调查　已经　专业　公司　这方面　事　委托

4. 研究　最　是　管理　要　美国人　的　方法　重要　的

5. 和　全方位　国际　是　的　接轨　应该

6. 其中　也　有　中国　的　这　不少　留学生

7. 准备　你们　得　很　看来　公司　充分

课文三：

1. 你　越来越　像　现在　神态　中国人　说话　的　了

2. 适应　我　完全　已经　水土　了　这里　的

3. 企业　必须　做　出去　大　走　要　想

4. 品牌　以　打造　自主　国际　为　核心　目标　始终　他们

5. 可　我们　跟　现在　他们　比　不　能

6. 起　在　树立　了　本土　形象　化　的　欧美　名牌

7. 稳　也　是　在　世界　上　站　海尔　脚跟　的　一步步

八、完成句子。
Complete the sentences.

1. 他到中国以后入乡随俗，____________________。（逐步）

2. ____________________，他一来问题就解决了。（毕竟）

3. ____________________，你都得按时来上课。（不管）

4. 要想练好口语，____________________。（关键）

5. 他总说公司的待遇不好，____________________。（其实）

6. ____________________，所以受到老板的重用。（始终）

九、根据课文的内容填空。
Fill in the blanks according to the dialogues in the texts.

王　伟：我们现在可不能跟他们比，海尔集团多有__________呀。他们在海外办厂时，________方是海尔，生产的产品也是海尔牌的。

齐　远：这________要有________，还需要具备____________________的技术、__________的资金。

王　伟：是呀，海尔集团＿＿＿＿＿了很大的风险，真的不容易。

比　尔：他们主要是＿＿＿＿＿设计、生产、＿＿＿＿＿“三位一体”的本土化战略，在欧美＿＿＿＿＿起了＿＿＿＿＿的名牌形象。

十、阅读理解。
Reading comprehension.

在人们的印象中，中国是利用外资的大国，可是现在的新闻里，经常有中国企业在海外投资的报道。

眼下的金融危机既是挑战，又是机遇。有实力、有眼光的企业家懂得抓住机遇，快速占领海外市场。

在海外投资的初期，一些企业先在海外建立起自己的销售渠道，减少中间环节，扩大盈利空间。他们的研发中心和生产基地还在国内，海外公司主要做营销。采用这种海外投资模式的公司占大多数。

随着海外公司的发展壮大，这些中国公司会逐步占领海外的目标市场，并最终发展成国际化的大公司。

根据上面的文章判断正误：

1. 在海外投资最重要的是要有眼光。（　　）
2. 很多公司采用先在海外建立销售渠道的投资模式。（　　）
3. 在海外投资的公司一定要把研发中心和生产基地建在国外。（　　）
4. 这篇文章主要讲了海外投资要注意什么。（　　）

十一、复述课文二。
Retell text 2.

十二、完成任务。
Complete the tasks.

一家生产旗袍的中国服装公司想在某国（根据你自己的国籍来选择投资地）投资。请你从原材料、劳动力、技术力量、营销方法、自主品牌创立等方面写出自己的建议。

要求：至少400字。

完成形式：

（1）可以一人完成书面的报告。

（2）也可以几个人一组共同完成。在收集完资料后，几个人要一起讨论应该怎么办？每个人都要发表自己的看法。完成一段小组讨论的情景对话，到课堂上来表演。

Unit 3

第三单元

Pǐnpái zhùcè

品牌注册

Brand Registration

课文

Tāmen quēshǎo pǐnpái bǎohù yìshí

他们缺少品牌保护意识

Wáng Wěi hé Mǎ Lì zài cānjiā yí gè shāngbiāo yántǎohuì. Xiūxi de shíhou, tāmen zài zǒuláng lǐ liáo le qǐlai.

王伟和马莉在参加一个商标研讨会。休息的时候，他们在走廊里聊了起来。

Wáng Wěi: Gāngcái zhǔjiǎngrén shuō de hěn shíjì, yóuqí shì Zhōngguó zhīmíng pǐnpái zài hǎiwài bèi qiǎngzhù de shì.

王　伟：刚才**主讲人**说得很实际，**尤其**是中国知名品牌在海外被**抢注**的事。

Mǎ Lì: Zhè shuōmíng yǒu rén chèn Zhōngguó qǐyè zǒu xiàng shìjiè zhījì, zuān le tāmen quēshǎo pǐnpái bǎohù yìshí de kòngzi.

马　莉：这说明有人**趁**中国企业走向世界**之际**，**钻**了他们**缺少**品牌保护意识的**空子**。

Wáng Wěi: Nǐ juéde zhè zhǒng shì yīnggāi zěnme jiějué ne?

王　伟：你觉得这种事应该怎么解决呢？

Mǎ Lì: Yīnggāi shuō hěn bèidòng. Zài guówài, rúguǒ xiǎng zǒu fǎlǜ chéngxù, hěn máfan.

马　莉：应该说很被动。在国外，如果想**走法律程序**，很麻烦。

Wáng Wěi: Zěnme ne?

王　伟：怎么呢？

Mǎ Lì: Kěguān de sùsòng fèiyòng xiān bù shuō, dān shuō hào shí hào lì ba, jiù tuōbuqǐ, érqiě zuìzhōng de jiéjú yě bù yídìng lǐxiǎng.

马　莉：**可观**的**诉讼**费用先不说，单说**耗**时耗力吧，就拖不起，而且最终的结局也不一定理想。

Wáng Wěi: Nǐ de yìsi shì bú yào yòng fǎlǜ wéiquán, zuìhǎo sīliǎo la?

王　伟：你的意思是不要用法律**维权**，最好**私了**啦？

Mǎ Lì: Kěyǐ zhème shuō ba. Qǐyè kěyǐ huígòu yǐjīng bèi zhùcè de shāngbiāo. Zhè kěnéng shì zuì shíjì de bànfǎ.

马　莉：可以这么说吧。企业可以**回购**已经被注册的商标。这可能是最实际的办法。

Wáng Wěi: Kěshì wǒ tīngshuō zhè zhǒng bànfǎ de jiéguǒ wǎngwǎng shì: duìfāng huì jièjī suǒyào jù'é shāngbiāo shǐyòng zhuǎnràngfèi.

王　伟：可是我听说这种办法的结果往往是：对方会**借机索要巨额**商标使用**转让费**。

Mǎ Lì: Háiyǒu de huì tí chū àn xiāoliàng tíchéng zuòwéi jìnrù běndì shìchǎng de xǔkěfèi.

马　莉：还有的会提出按销量**提成**作为进入本地市场的**许可费**。

Wáng Wěi: Zhèxiē dōu shì Zhōngguó qǐyè "zǒu chūqù" de zhàng'ài.

王　伟：这些都是中国企业“走出去”的**障碍**。

Mǎ Lì: Shì aí

马　莉：是啊！

Wáng Wěi: Kànlái wáng yáng zhīqián jiù děi xiān bǔ láo.

王　伟：看来亡羊之前就得先补牢。

Mǎ Lì: Nǐ de yìsi shì……

马　莉：你的意思是……

Wáng Wěi: Shì shuō méi chūshì zhīqián jiù děi dīfang. Wǒ yòng le yí gè chéngyǔ, "wáng yáng bǔ láo".

王　伟：是说没出事之前就得**提防**。我用了一个成语，**“亡羊补牢”**。

Mǎ Lì: Ò, jiùshì shuō yào xiān zuòhǎo zhǔnbèi ba. Shì a, Zhōngguó de gōngsī zài “zǒuchūqù” zhīqián yídìng yào yǒu pǐnpái bǎohù yìshí.

马　莉：哦，就是说要先做好准备吧。是啊，中国的公司在“走出去”之前一定要有品牌保护**意识**。

Wáng Wěi: Kànlái jìnrù yíge shìchǎng yǐqián, qǐyè shǒuxiān yào liáojiě dāngdì de fǎzhì huánjìng.

王　伟：看来进入一个市场以前，企业首先要了解当地的**法制**环境。

Mǎ Lì: Duì! Qǐyè kěyǐ tíqián zài yìxiē mùbiāo guójiā zhùcè zìjǐ de shāngbiāo.

马　莉：对！企业可以提前在一些目标国家注册自己的商标。

Wáng Wěi: Nà děi qù duōshao guójiā?

王　伟：那得去多少国家？

Mǎ Lì: Kěyǐ lìyòng Mǎdélǐ Xiédìng, qǐyè bù chū guómén jìnxíng shēnqǐng, shāngbiāo jiù kěyǐ tóngshí zài xiédìng de qítā chéngyuánguó dōu zhùcè le.

马　莉：可以利用**马德里协定**，企业不出国门进行申请，商标就可以同时在协定的其他成员国都注册了。

Wáng Wěi: Rúguǒ néng zhèyàng bǎohù zìjǐ, Zhōngguó qǐyè jiù bú huì chī zhème duō kuī le. “Liánxiǎng” de míngchēng bèi qiǎngzhù jiùshì ge dà jiàoxun.

王　伟：如果能这样保护自己，中国企业就不会**吃**这么多**亏**了。**“联想”**的名称被抢注就是个大**教训**。

Mǎ Lì: Qíshí, yìxiē Zhōngguó qǐyè yǐjīng bú zài shì jiǎndān de kǎolǜ bèidòng de yìngsù hé wéiquǎn de wèntí, érshì yào hé jìngzhēng huǒbàn gòngtóng lìyòng zhīshi chǎnquán, dádào gòngyíng.

马　莉：其实，一些中国企业已经不再是简单地考虑被动地**应诉**和维权的问题，而是要和竞争伙伴共同利用**知识产权**，达到**共赢**。

Wáng Wěi: Zhè shuōmíng zhèxiē qǐyè yǐjīng chéngshú le hěn duō. Xīwàng gèngduō de Zhōngguó qǐyè dōu néng xué huì yùnyòng zhè tào yóuxì guīzé.

王　伟：这说明这些企业已经成熟了很多。希望更多的中国企业都能学会运用这套游戏**规则**。

Mǎ Lì: Duì le, nǐmen gōngsī de hǎiwài tóuzī jìnxíng de zěnmeyàng le?

马　莉：对了，你们公司的海外投资进行得怎么样了？

Wáng Wěi: Háizài qiánqī chóuhuà jiēduàn.(Wáng Wěi kàn biǎo.) Āi, shíjiān chàbuduō le, zánmen jìnqù ba……

王　伟：还在**前期筹划阶段**。（**王伟看表**。）哎，时间差不多了，咱们进去吧……

Text

They lack the awareness of brand protection

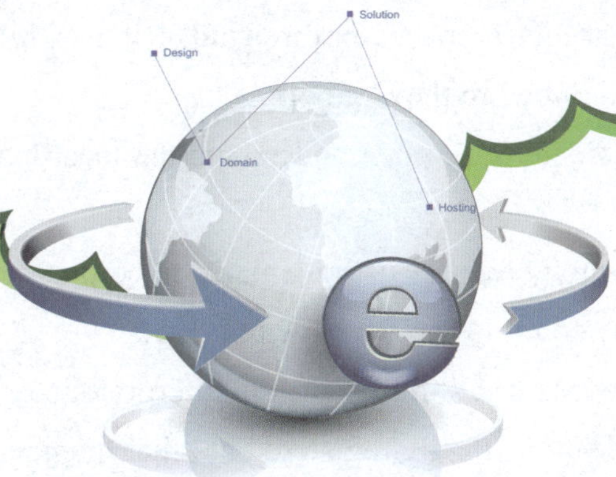

Wang Wei and Maria are participating in a trademark seminar. During the break they are chatting in the lobby.

Wang Wei: What the keynote speaker spoke about just now is very useful, especially as the Chinese well-known brand names are squatted overseas.

Maria: That means some people took advantage of those who lack the awareness of brand protection as Chinese enterprises are going international.

Wang Wei: What do you think we should do about this?

Maria: It's a very awkward situation. It'll be very troublesome if you want to go through legal procedures in a foreign country.

Wang Wei: Why?

Maria: Aside from the considerable amount of Litigation fees for the lawsuit, the waste of time and effort alone will be unbearable, and the final result won't be as satisfactory as you might expect.

Wang Wei: You mean we'd better find a private settlement without a litigation?

Maria: You may say so. An enterprise may buy back the trademark already registered by others, which might be the most practical.

Wang Wei: But I hear the result of this private settlement is usually that the other party will take the opportunity to ask for a huge amount of transfer fee.

Maria: Some others may ask for a license fee for the entry to the local market based on the commission according to sales volume.

Wang Wei: These are all the obstacles for Chinese enterprises going global.

Maria: Yes.

Wang Wei: It seems to me you must repair the sheephold before you lose the sheep.

Maria: You mean…

Wang Wei: I mean you have to take precautions before you suffer a loss. I used an idiom "亡羊补牢" just now.

Maria: Oh, that is to say, to get prepared beforehand. Right, Chinese enterprises must have the awareness of brand protection before they "go out".

Wang Wei: It seems that an enterprise must understand the local legal environment before entering a new market.

Maria: Right! An enterprise may register its trademarks in certain target countries beforehand.

Wang Wei: Then how many countries do we have to go to?

Maria: You may utilize the Madrid Agreement; an enterprise may register without going abroad, and the trademarks may be automatically registered in other member states of the Agreement.

Wang Wei: If the Chinese enterprises may protect themselves like this, they wouldn't have had to suffer so many losses. A major learning experience for us was when the brand name "LEGEND" was preemptively registered in foreign countries by unaffiliated entities.

Maria: In fact, some Chinese enterprises have simply notonger considered the questions of responding to lawsuits and safeguarding their legal rights, but started to seek a win-win situation with their competitors by using the instrument of property rights.

Wang Wei: That means those enterprises have intellectual matured than before. We hope more Chinese enterprises learn to use the rules of the game.

Maria: So, how is your company's overseas investment going?

Wang Wei: We're still in the stage of preliminary planning. (Wang Wei looks at his watch.) It's the time now, let's go inside…

生词 New words

1	注册	zhùcè	to register
2	缺少	quēshǎo	to lack; to be short of
3	意识	yìshí	awareness
4	主讲人	zhǔjiǎngrén	keynote speaker
5	实际	shíjì	practical
6	尤其	yóuqí	especially
7	抢注	qiǎngzhù	cybersquatting
8	趁	chèn	to take advantage of (opportunity, time, etc.)
9	钻空子	zuānkòngzi	to make use of a fault (in other people's work) to avail oneself of loopholes
10	走	zǒu	to go through (law procedure)
11	法律	fǎlǜ	law
12	程序	chéngxù	procedure
13	可观	kěguān	considerable
14	诉讼	sùsòng	litigation
15	耗	hào	to consume; to waste
16	维权	wéiquán	to safeguard one's right
17	私了	sīliǎo	to find a private settlement
18	回购	huígòu	to buy back
19	借机	jièjī	to take the opportunity
20	索要	suǒyào	to ask for
21	巨额	jù'é	huge amount
22	转让费	zhuǎnràngfèi	transfer fee

23	提成	tíchéng	commision
24	许可费	xǔkěfèi	license fee
25	障碍	zhàng'ài	obstacle
26	亡羊补牢	wáng yáng bǔ láo	to take the precaution after suffering a loss
27	提防	dīfang	to watch out for
28	法制	fǎzhì	legal
29	吃亏	chīkuī	suffer losses
30	教训	jiàoxun	lesson
31	应诉	yìngsù	to respond to a lawsuit
32	知识产权	zhīshi chǎnquán	intellectual property right
33	共赢	gòngyíng	win-win situation
34	规则	guīzé	rule
35	前期	qiánqī	preliminary
36	筹划	chóuhuà	to plan
37	阶段	jiēduàn	stage

专有名词 Proper nouns

1. 马德里协定
   Mǎdélǐ Xiédìng
   Madrid Agreement Concerning the International Registration of Marks

2. 联想
   Liánxiǎng
   Lenovo

注释 Notes

1. 有人趁中国企业走向世界之际，钻了他们缺少品牌保护意识的空子。

Some people took advantage of those who lack the awareners of brand protection as Chinese enterprises are going international.

“趁”，介词，表示利用（机会、时间），去做……。例如：

“趁”， a preposition, indicating “to do something with a particular opportunity or at a particular time”. For example:

（1）小王趁大家没注意，悄悄离开了。

Xiao Wang left quietly when nobody noticed.

（2）趁天还没黑，我们快点回家吧。

Let’s go home quickly as it isn’t dark yet.

（3）他趁去上海出差的机会，参观了世界博览会会馆。

He visited the exhibition hall of the World Expo as he travelled to Shanghai on business.

“趁……之际”是个固定用法，“之际”的意思是“的时候”。例如：

“趁……之际” is a fixed pattern; “之际” means “when…”. For example:

（1）他趁在中国做生意之际，接触了很多中国人。

When he was doing business in China, he contacted many Chinese.

（2）趁在杭州旅游之际，她买了很多丝绸。

He bought quite a lot of silk when she travelled in Hangzhou.

（3）有人趁大家在会议室开会之际，偷走了办公室里的笔记本电脑。

The notebook computer in the office was stolen when everybody was at a meeting in the conference room.

2. 有人趁中国企业走向世界之际，钻了他们缺少品牌保护意识的空子。

Some people took advantage of those who lack the awareness of brand protection as Chinese enterprises are going international.

“钻空子”，习惯用语，说的是利用法律、管理等方面的漏洞，进行对自己有利的活动。例如：

“钻空子”, a popular phrase, meaning “to benefit oneself with the loopholes of law or management, etc.” For example:

（1）他常常钻税务管理的空子，少交税。

He often takes advantage of the loopholes of tax management and pays less tax.

（2）我们要加强管理，让犯罪分子没有空子可钻。

We will enhance our social governance to root out the loopholes the criminals might use.

3. 可观的诉讼费用先不说，单说耗时耗力吧，就拖不起。

Aside from the considerable amount of litigation fees for the lawsuit, the waste of time and effort alone will be unbearable.

"单"，这里是副词，"只"的意思。"……先不说，单说……"或"先不说……，单说……"表示把事情的一方面放下不说，只说讲话人认为重要的那个方面。例如：

"单", an adverb here, meaning "only". "……先不说，单说……" or "先不说……，单说……" means "to put down one aspect of an issue and say the important aspect as the speaker believes."

（1）住在大城市空气污染严重先不说，单说堵车吧，就让人心烦。

If you live in a big city, aside from for the serious air pollution, the traffic jam alone will give you headaches.

（2）我们先不说考上大学多么不容易，单说这学费吧，肯定是一般家庭的沉重负担。

Aside from the difficulties you may encounter on the way to a college, the tuition fee alone is a heavy burden to an average family.

（3）咱们先不说到大公司上班压力有多么大，单说需要经常出差吧，我就受不了。

Aside from the work pressure of a big company, the constant business trips alone are unbearable to me.

4. 可观的诉讼费用先不说，单说耗时耗力吧，就拖不起。

Aside from the considerable amount of litigation fees for the lawsuit, the waste of time and effort alone will be unbearable.

"拖"，动词，这里是"拖延时间"的意思。"……不起"放在动词后面做补语，表示"不能……"。例如：

"拖", a verb, here meaning "procrastinate". "……不起" follows the verb as a complement, meaning "unable". For example:

（1）这么贵的东西，我可买不起。

I can't afford such an expensive item.

（2）有意见就快点说，我们的时间耽误不起。

Just speak up your mind, we can't afford to waste the time.

（3）出国留学的费用一般工薪家庭担负不起。

An average salary-earning family can't afford the expenses of studying abroad.

5．看来亡羊之前就得先补牢啊。

It seems to me you must repair the sheephold before you lose the sheep.

“亡羊补牢”是个成语，意思是丢了羊，才修羊圈，但是也不算晚。比喻在受损失后要想办法补救，免得以后再受损失。

课文中改用了这个成语，意思是受损失前就得想办法防止这样的事发生。

“亡羊补牢”is a set phrase, meaning “It is never late to mend the fold after the sheep is lost.” It tells us to do something to prevent further losses after a loss.

The phrase was adapted in the text to mean precautions must be taken before any losses occur.

6．还可以利用马德里协定，企业不出国门进行申请，……

You may utilize the Madrid Agreement; an enterprise may register without going abroad……

《马德里协定》，就是《商标国际注册马德里协定》（Madrid Agreement Concerning the International Registration of Marks）简称《马德里协定》，是一个关于简化商标在其他国家内注册手续的国际协定。《马德里协定》，1891 年 4 月 14 日在马德里签订，1892 年 7 月生效，自生效以来共修改（xiūgǎi, to revise）过多次。它和 1989 年签署（qiānshǔ, to sign）的《商标国际注册马德里协定有关议定书》（简称《马德里议定书》）一起被称为商标国际注册马德里体系。该系统由设在瑞士日内瓦的世界知识产权组织国际局管理。

《马德里协定》缔约方（dìyuēfāng, one party in concluding a treaty）的总数为 56 个；《马德里议定书》的缔约方总数为 66 个。1989 年 10 月 4 日中国成为该协定成员国。《马德里协定》保护的对象是商标和服务标志（biāozhì, sign, mark）。主要内容包括商标国际注册的申请、效力、续展（xùzhǎn, continuation）、收费等。

马德里体系可以使商标权利人直接向其本国或地区商标局递交一份国际注册申请书便能够使他的商标在马德里联盟的多个国家获得保护。由此注册的国际商标相当于该申请人在每个指定国或组织直接进行的商标注册申请或注册。

如果申请得到核准，由国际局公布（gōngbù, to promulgate），并通知申请人要求给予保护的有关成员国。这些成员国可以在一年内声明对该项商标不予保护，但需要说明理由；申请人可以向该国主管机关或法院提出申诉。如果在规定期限内（12或18个月），某指定国或组织的商标局没有驳回（bóhuí, to reject）对该商标的保护，可以看作是已经同意了商标注册。经国际局注册的商标享有20年有效期，并且可以不限次数地续展。

The Madrid Agreement is a short form for Madrid Agreement Concerning the International Registration of Marks, an international agreement to simplify the formalities of trademark registration in other countries. The Madrid Agreement was signed in Madrid on April 14, 1891, and came into force in July 1892. It has been revised several times since then. Together with Protocol Relating to the Madrid Agreement Concerning the International Registration of Marks signed in 1989, it is called the Madrid System for the international registration of marks, administered by the International Bureau of the World Intellectual Property Organization (located in Geneva, Switzerland).

The contracting parties of the Madrid Agreement include 56 countries; the contracting parties of the Protocol represent 66 countries. China became a member of the Madrid Agreement on October 4, 1989. The Madrid Agreement protects trademarks and service marks. It involves the application, validation, renewal and fee collection of international trademark registration.

The Madrid System allows a trademark holder to submit an application for international registration at the local bureau of trademark protection, thereby enabling the protection of his trademark in the relevant countries involved in the Madrid System. The international trademark thus registered is as valid as the one registered in any given individual country or organization.

If the application is approved, the International Bureau will inform those of its member countries in which the applicant requires the protection of his trademark. The relevant authorities of those member countries may declare not to protect the trademark concerned within a year, but they need to give reasons; the applicant may appeal to the authorities or a court of that member. Within a stipulated time period (12 to 18 months), if the trademark protection bureau of the relevant country or organization does not reject the protection of the trademark, it shall be deemed that the trademark registration has been approved. The trademark registered with the International Bureau is valid for 20 years and may be renewed.

练习
Exercises

一、跟读生词并且纠音。
Read the new words after the teacher and correct your pronunciation.

二、跟读课文并且纠音。
Read the text after the teacher and correct your pronunciation.

三、学生分组，分角色朗读课文。
Divide the students into groups and read the text in different roles.

四、学生分组，不看书分角色表演课文。
Divide the students into groups and role play the text without referring to the book.

五、角色扮演。
Role play.

几个人分为两组，模拟召开一个董事会，商量如何解决公司商标被抢注的事。请使用课文中的词语和句子来表达。

提示：

A组：同意私了，回购已经被抢注的商标。

B组：同意走法律程序。

双方都要说明自己为什么要这样做？至少提出三个理由。最后大家举手表决使用哪种办法。

六、替换练习。
Substitution drills.

1. 主讲人说 + 得 + 很实际，尤其是 + 中国品牌在海外被抢注的事。

同学们学	好	女孩子
公司的业务开展	不错	在中国市场的业务
主讲人讲	实际	关于海外商标注册的事，对我们很有用

2. 有人 + 趁 + 中国企业走向世界 + 之际，钻了他们缺少品牌保护意识的空子。

小王	到北京出差	参观了很多名胜古迹
有人	试衣	偷走了样品
很多商场	国庆来临	开展促销活动

3. 可观的诉讼费用 + 先不说，单说 + 耗时耗力吧，就 + 拖不起。

生活费	学费	负担不起
以后的长远计划	眼前的发展	会受影响
准备HSK考试的事	平时的作业	已经够多的了

4. 你的意思是不要用法律维权，最好 + 私了啦？

大家不用AA制	由小王请客
星期六也不休息	加班
我们不要付现金	用信用卡

5. 亡羊之前 + 就得 + 补牢。

上课　　预习生词

旅游　　订好计划

谈判　　货比三家

进入市场　　注册商标

七、把下面的词语组成句子。

Make a sentence with the following words in each gronp.

1. 的　一　理想　结局　最终　也　定　不

2. 进入　有的　按　提成　作为　市场　的　许可费　销量　提出　本地

3. 成为　中国　商标　海外　抢注　已经　企业　“走出去”　的　障碍　被　在

4. 首先　当地　的　看来　市场　以前　企业　了解　法制　要　环境　进入　一个

5. 在　企业　这　方面　过　吃　很多　亏　中国

6. 被动　的　已经　不　再　是　简单　应诉　维权　问题　企业　地　地　考虑　和

7. 规则　更　企业　都　游戏　学会　运用　这　的　中国　套　多

8. 怎么样　公司　的　海外　你们　进行　得　了　投资

八、完成句子。
Complete the sentences.

1. 用汉语进行谈判，______________________。（对……来说）

2. ______________，我要吃很多地道的北京菜。（趁……之际）

3. 操场上同学们在锻炼身体，有的在打篮球，________。（有的……）

4. 他说自己一定要努力学习，__________________。（其实）

5. 小王不再是个什么都不懂的孩子了，____________。（而是）

九、根据课文的内容填空。
Fill in the blanks according to the dialogues in the text.

王　伟：你的意思是不要用__________维权，最好__________啦？

马　莉：可以这么说吧。企业可以__________已经被注册的__________。这可能是最__________的办法。

王　伟：可是这种办法的结果往往是：有的借机索要__________商标转让费；有的提出__________销量提成作为进入本地市场的__________费。

马　莉：是啊！商标在海外被抢注已经成为中国企业“__________”的障碍。

王　伟：看来__________之前就得先补牢啊。

十、阅读理解。
Reading Comprehension.

最近，中国知名品牌的商标在海外被抢注的新闻报道不少，这引起了有关部门的关注。

大家认为，要想避免这样的事，顺利进入海外市场，一定要事先了解商标法，运用国际商业竞争的一些规则，更好地参与竞争。

事实上，一些中国企业已经不再是被动地应诉和维权，而是和竞争伙伴共同利用知识产权，达到了共赢的效果。

根据上面这段话的内容，判断正误。

1. 要避免竞争，就要事先了解商标法。（　　）

2. 中国知名品牌在海外被抢注的事引起了关注。（　　）

3. 中国企业和竞争伙伴都得到了好处。（　　）

4. 中国企业只能利用知识产权方面的法律，被动地维权。（　　）

十一、复述课文。
Retell the text.

十二、完成任务。
Complete the tasks.

几个人一组，请上网查找一个中国或是你们国家的知名品牌在海外被抢注的案例，看看问题是否解决了。

（一）如果问题解决了，请编排一个情景对话，到课堂上来向你的老师和同学介绍解决的过程。

（二）如果问题还没有解决，请你们小组分析一下原因并给出解决的方法，编排一个情景对话到课堂上表演。

Unit 4

第四单元

Zhīshi chǎnquán

知识产权

Intellectual Property Rights

课文一

Zhōnghuá lǎo zìhao qǐyè hǎiwài wéiquán dìyī àn

中华老字号企业海外维权第一案

Mǎ Lì hé mìshū xiǎo Zhāng zhèngzài bàngōngshì liáotiān.

马莉和秘书小张正在办公室聊天。

Mǎ Lì: Xiǎo Zhāng, jīntiān wǎngshang yǒu shénme yǒu yìsi de xīnwén?

马　莉：小张，今天网上有什么有意思的新闻？

Xiǎo Zhāng: Wángzhìhé dǎ yíng le hǎiwài shāngbiāo bèi qīnquán hé bú zhèngdàng jìngzhēng àn, yào huí le Déguó de "Wángzhìhé".

小　张：**王致和**打赢了海外商标被**侵权**和**不正当竞争**案，要回了德国的"王致和"。

Mǎ Lì: Ò, jiùshì nàge mài Chòudòufu de Wángzhìhé ma? Zhè chǎng guānsi chíxù le liǎngnián le, fēicháng yǒumíng.

马　莉：哦，就是那个卖**臭豆腐**的王致和吗？这场**官司持续了**两年了，非常有名。

Xiǎo Zhāng: Zhè cì shì zhōngshěn pànjué, jùyǒu zuìzhōng xiàolì.

小　张：这次是**终审判决**，具有最终**效力**。

Mǎ Lì: Zěnme pàn de?

马　莉：怎么判的？

Xiǎo Zhāng: Déguó Mùníhēi gāoděng fǎyuàn cáijué zhōngfāng shèngsù, yāoqiú Déguó Ōkǎi gōngsī tíngzhǐ shǐyòng "Wángzhìhé" shāngbiāo, chèhuí tāmen zài Déguó zhuānlì shāngbiāojú zhùcè de "Wángzhìhé" shāngbiāo.

小　张：**德国慕尼黑高等法院裁决中方胜诉**，要求德国**欧凯**公司停止使用"王致和"商标，**撤回**他们在德国**专利商标局**注册的"王致和"商标。

Mǎ Lì: Jùshuō, zhè shì Zhōngguó jiārù shìmào zǔzhī hòu Zhōnghuá lǎo zìhao qǐyè hǎiwài wéiquán dìyī àn.

马　莉：据说，这是中国加入世贸组织后中华**老字号**企业海外维权第一案。

Xiǎo Zhāng: Shì a, lìng yì fāngmiàn yě shuōmíng shāngbiāo yídìng yào jíshí zhùcè. Zhǐyǒu zhùcè le, cái néng shòudào fǎlǜ de bǎohù.

小　张：是啊，另一方面也说明商标一定要及时注册。只有注册了，才能受到法律的保护。

Mǎ Lì: Chúle bǎohù pǐnpái yǐwài, wúlùn shì nǎ guó de qǐyè dōu yīnggāi yǒu guójì shìyě, yào jiāqiáng quánqiúhuà huánjìng xià de pǐnpái jiànshè hé shìchǎng kāifā.

马　莉：除了保护品牌以外，无论是哪国的企业都应该有**国际视野**，要**加强全球化**环境下的品牌建设和市场开发。

Xiǎo Zhāng: Èr líng líng bā nián “Wángzhìhé” yǐjīng zài Běijīng chǎnquán jiāoyìsuǒ guàpái, zài quánqiú fànwéi nèi xúnzhǎo zhànlüè tóuzīzhě.

小　张：2008 年“王致和”已经在北京**产权交易所挂牌**，在全球范围内寻找战略投资者。

Mǎ Lì: Zhèyàng hǎo a, nǐmen de chuántǒng wénhuà dédào wàishāng rènkě hòu, tāmen jiù huì dài lái xiàndàihuà de yíngxiāo fāngshì hé jīngyíng lǐniàn.

马　莉：这样好啊，你们的传统文化得到外商认可后，他们就会带来现代化的营销方式和经营理念。

Xiǎo Zhāng: Tāmen yǐjīng hé Rìběn Wèizīkāng jítuán hézuò le.

小　张：他们已经和日本**味滋康集团**合作了。

Mǎ Lì: Zhè liǎngjiā hézī hòu shì zěnme fēngōng de?

马　莉：这两家合资后是怎么分工的？

Xiǎo Zhāng: Rìfāng zhǔyào fùzé xiāoshòu qúdào. Zhōngfāng zhǔyào fùzé chǎnpǐn de shēngchǎn, yánfā hé zhìliàng bǎguān.

小　张：日方主要负责销售渠道。中方主要负责产品的生产、研发和质量**把关**。

Mǎ Lì: Zhè suànshì Zhōnghuá lǎo zìhao xiàng hǎiwài kuòzhǎn de yì zhǒng chángshì.

马　莉：这算是中华老字号向海外**扩展**的一种尝试。

Xiǎo Zhāng: Wángzhìhé jítuán de zǒngjīnglǐ zài jiēshòu cǎifǎng shí shuō: Hǎiwài wéiquán de guānsi fǎndào jiākuài le tāmen “hǎiwài kuòzhāng” de bùfá.

小　张：王致和集团的总经理在接受采访时说：海外维权的官司**反倒**加快了他们“海外**扩张**”的**步伐**。

Mǎ Lì: Ó，wèi shénme?

马　莉：哦，为什么？

Xiǎo Zhāng: Yīnwèi zhè jiàn shì yǐhòu, Wángzhìhé mùqián yǐ zài sìshí duō gè guójiā hé dìqū jìnxíng le shāngbiāo zhùcè.

小　张：因为这件事以后，王致和目前已在 40 多个国家和地区进行了商标注册。

Mǎ Lì: Kànlái nǐ hěn zhùyì sōují hé shāngbiāo zhùcè xiāngguān dexìnxī a. Nà wǒ kǎokao nǐ?

马　莉：看来你很注意**搜集**和商标注册相关的信息啊。那我考考你？

Xiǎo Zhāng: Nín qǐng shuō.

小　张：您请说。

Mǎ Lì: Zánmen wàiqǐ de shāngbiāo zhùcè yīnggāi zěnme bànlǐ?

马　莉：咱们外企的商标注册应该怎么办理？

Xiǎo Zhāng: Kěyǐ wěituō Zhōngguó zhèngfǔ rènkě de jùyǒu shāngbiāo dàilǐ zīgé de jīgòu dàilǐ shāngbiāo zhùcè.

小　张：可以委托中国政府认可的具有商标代理资格的机构代理商标注册。

Mǎ Lì:《Shāngbiāofǎ》xué de búcuò ma.

马　莉：《商标法》学得不错嘛。

Xiǎo Zhāng: Xièxie!

小　张：谢谢！

Text 1

The first overseas rights protection case of a traditional Chinese enterprise

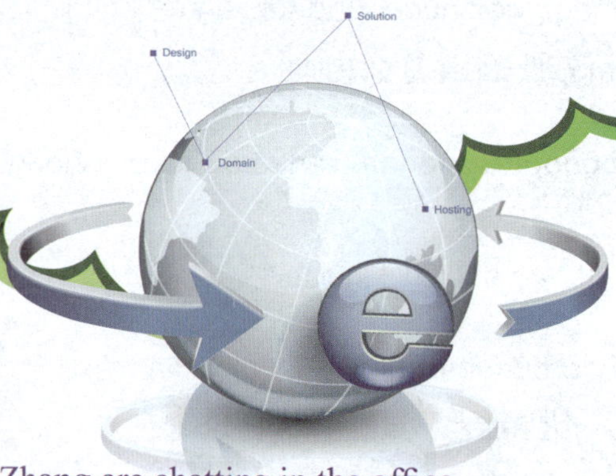

Maria and her secretary xiao Zhang are chatting in the office.

Maria: Xiaozhang, is there any interesting news on the Internet?

Xiaozhang: Wangzhihe won the case of trademark infringement and unfair competition and reclaimed the "Wangzhihe" trademark in Germany.

Maria: Oh, isn't that Wangzhihe selling preserved bean curd? The case has continued for two years. It's a well-known case.

Xiaozhang: This time it's the final adjudication, a final result.

Maria: What was the court's verdict?

Xiaozhang: The Munich Superior Court of Germany ruled that the Chinese side has won the case, requiring Okai Company to stop using the "Wangzhihe" trademark and repealing the trademark Okai had preemptively registered.

Maria: It has been reported that this is the first overseas rights protection case of a traditional Chinese enterprise since China's accession to the WTO.

Xiaozhang: Yes, it also reminds us that trademarks must be registered promptly, and only registered trademarks are protected by law.

Maria: In addition to the protection of brand names, all enterprises should have an international horizon and enhance their brand building and market development in the context of globalization.

Xiaozhang: In 2008 Wangzhihe was already listed on Beijing Property Rights Exchange, looking for a strategic investor in the world.

Maria: That's a good idea. Once your traditional culture is recognized by foreign businessmen, they will bring their modern marketing methods and managing ideas.

Xiaozhang: They have already cooperated with Mizkan Group of Japan.

Maria: How do they divide their responsibilities when they set up a joint venture?

Xiaozhang: The Japanese are mainly responsible for sales channels, and the Chinese are responsible for the production, development and quality control of their products.

Maria: This might be a model of overseas expansion for traditional Chinese enterprises.

Xiaozhang: The general manager of Wangzhihe Group said at an interview that overseas rights protection case actually accelerated their pace of "overseas expansion".

Maria: Oh, why is that?

Xiaozhang: After that event, Wangzhihe has registered its trademark in more than 40 countries and regions.

Maria: So you've had a mind to collect information concerning trademark registration. Now can I ask you a question?

Xiaozhang: Please.

Maria: How do we foreign enterprises register our trademarks?

Xiaozhang: We may entrust the trademark registration to a qualified organization approved by the Chinese government.

Maria: You've learned the Trademark Law very well.

Xiaozhang: Thanks!

生词 New words

1	侵权	qīnquán	infringement
2	不正当竞争	bú zhèngdàng jìngzhēng	unfair competition
3	臭豆腐	Chòudòufu	preserved bean curd

4	官司	guānsi	case
5	持续	chíxù	to continue
6	终审	zhōngshěn	final
7	判决	pànjué	adjudication
8	效力	xiàolì	result
9	高等法院	gāoděng fǎyuàn	the superior court
10	裁决	cáijué	to rule
11	中方	zhōngfāng	Chinese side
12	胜诉	shèngsù	to win a case
13	撤回	chèhuí	to repeal
14	老字号	lǎo zìhao	an old and famous shop
15	国际视野	guójì shìyě	international horizon
16	加强	jiāqiáng	to enhance
17	全球化	quánqiúhuà	globalization
18	产权	chǎnquán	property right
19	交易所	jiāoyìsuǒ	exchange
20	挂牌	guàpái	to come into a stock market
21	把关	bǎguān	to guard a press
22	扩展	kuòzhǎn	to expand
23	反倒	fǎndào	on the contrary
24	扩张	kuòzhāng	to expand
25	步伐	bùfá	step
26	搜集	sōují	to collect

专有名词 Proper nouns

1. 王致和
   Wángzhìhé
   a name of a famous old shop in China
2. 德国
   Déguó
   Germany
3. 慕尼黑
   Mùníhēi
   Munich
4. 欧凯公司
   Ōkǎi Gōngsī
   Okai Company
5. 专利商标局
   Zhuānlì Shāngbiāojú
   Patent and Trademark Office
6. 味滋康集团
   Wèizīkāng Jítuán
   Mizkan Group

注释 Notes

中华老字号

Traditional Chinese Enterprise

“中华老字号”是指那些开设年代很久的中国传统商店。大多数商店已经有一二百年或者更长的历史了，它们的产品深受消费者的喜爱，这些商店的经营理念也是以人为本，处处为顾客着想。

“中华老字号” refers to those traditional Chinese enterprises with a very long history. Most of them have a history of 100 or 200 years or even a longer history. Their products are very well received by the consumers, and they regard humanity as the core business value.

课文二

Nǐ yīnggāi yòng zhèngbǎn ruǎnjiàn

你应该用正版软件

Zhào Hóng de diànnǎo huài le, dǎ diànhuà qǐng Qí Yuǎn bāngmáng xiū yíxiàr. Qí Yuǎn zài lùshang yùdào le Bǐ'ěr, tā liǎ jiù yìqǐ lái zhǎo Zhào Hóng.

赵红的电脑坏了，打电话请齐远帮忙修一下儿。齐远在路上遇到了比尔，他俩就一起来找赵红。

Zhào Hóng: Āi, Qí Yuǎn, nǐ zhège diànnǎo zhuānjiā hái dài le ge zhùshǒu ya.
赵　红：哎，齐远，你这个电脑专家还带了个**助手**呀。

Qí Yuǎn: Wǒmen shì lùshang pèng dào de, Bǐ'ěr bǐ wǒ gèng dǒng diànnǎo.
齐　远：我们是路上碰到的，比尔比我更懂电脑。

Bǐ'ěr: Nǎr a. Zhào Hóng, nǐ de diànnǎo zěnme la?
比　尔：哪儿啊。赵红，你的电脑怎么啦？

Zhào Hóng: Yì kāijī jiù sǐjī, kànlái yǒu bìngdú.
赵　红：一开机就**死机**，看来有**病毒**。

Bǐ'ěr: Nǐ chóngxīn ānzhuāng yíxià xìtǒng ya.
比　尔：你**重新安装**一下**系统**呀。

Zhào Hóng: Wǒ shì guo le, méi yòng, zhàoyàng sǐjī.
赵　红：我试过了，没用，**照样**死机。

Qí Yuǎn: Nà nǐ de ruǎnjiàn yǒu wèntí ba, shì bu shì dàobǎn de?
齐　远：那你的软件有问题吧，是不是**盗版**的？

Zhào Hóng: Yí ge péngyou sòng le wǒ yì duī ruǎnjiàn, kěnéng bú shì zhèngbǎn de.
赵　红：一个朋友送了我一堆软件，可能不是正版的。

Qí Yuǎn: Guàibudé nǐ de diànnǎo lǎo chū máobìng ne. Nǐ yīnggāi yòng zhèngbǎn ruǎnjiàn.
齐　远：怪不得你的电脑**老出毛病**呢。你应该用正版软件。

Bǐ'ěr: Wǒ chángchang kàndào bǎohù zhīshi chǎnquán de xīnwén bàodào, kànlái Zhōngguó zhèngfǔ dǎjī dàobǎn de juéxīn hěn dà.
比　尔：我常常看到**保护**知识产权的新闻报道，看来中国政府**打击**盗版的**决心**很大。

Qí Yuǎn: Shì ya, èr líng líng liù nián, quánguó tǒngyī de "yāo èr sān yāo èr" jǔbào tóusù diànhuà jiù kāitōng le.
齐　远：是呀，2006 年，全国**统一**的"12312"**举报投诉**电话就**开通**了。

Bǐ'ěr: Nà wǒ néng dǎ ma?
比　尔：那我能打吗？

Qí Yuǎn: Rènhé rén zài rènhé shíjiān、rènhé dìdiǎn zhǐyào yùdào zhīshi chǎnquán de wèntí, dōu kěyǐ bōdǎ zhège diànhuà.

齐　远：任何人在任何时间、任何地点只要**遇到**知识产权的问题，都可以**拨打**这个电话。

Bǐ'ěr: Yǒu guānfāng wǎngzhàn ma?

比　尔：有**官方**网站吗？

Qí Yuǎn: Yǒu, "Zhōngguó Bǎohù Zhīshi Chǎnquán Wǎng".

齐　远：有，"中国保护知识产权网"。

Zhào Hóng: Shícháng yǒu xīnwén bàodào shuō zhèngfǔ yòu duāndiào le duōshao tiáo dàobǎn zhìpǐn shēngchǎnxiàn, dǎohuǐ le shénme jiǎmào míngpái de xiāoshòu wōdiǎn.

赵　红：时常有新闻报道说政府又**端掉**了多少条盗版**制品生产线**，**捣毁**了什么**假冒**名牌的销售**窝点**。

Qí Yuǎn: Wǒ juéde háishì yào wǒmen xiāofèizhě yǎngchéng bú yòng dàobǎn chǎnpǐn de xíguàn. Méi rén mǎi jiù bú huì yǒu rén mài le.

齐　远：我觉得还是要我们消费者养成不用盗版产品的习惯。没人买就不会有人卖了。

Bǐ'ěr: Duì, nǐ shuō de yǒu dàolǐ. Xiāofèizhě zài zhè fāngmiàn de fǎlǜ yìshi yīnggāi jiāqiáng.

比　尔：对，你说的有道理。消费者在这方面的法律意识应该加强。

Qí Yuǎn: Guānjiàn háishì yào jiāqiáng xuānchuán. Duì le, hòutiān shì sì yuè èr shí liù rì, shìjiè zhīshi chǎnquán rì, diànshìtái yǒu ge wényì wǎnhuì, wǒmen yìqǐ qù cānjiā ba.

齐　远：关键还是要加强**宣传**。对了，后天是 4 月 26 日，世界知识产权日，电视台有个**文艺**晚会，我们一起去参加吧。

Zhào Hóng: Āi, nǐmen liǎ bié guāng gù zhe liáotiān, kuài bāng wǒ xiū diànnǎo ya……

赵　红：哎，你们俩别光顾着聊天，快帮我修电脑呀……

Text 2

You should use genuine software

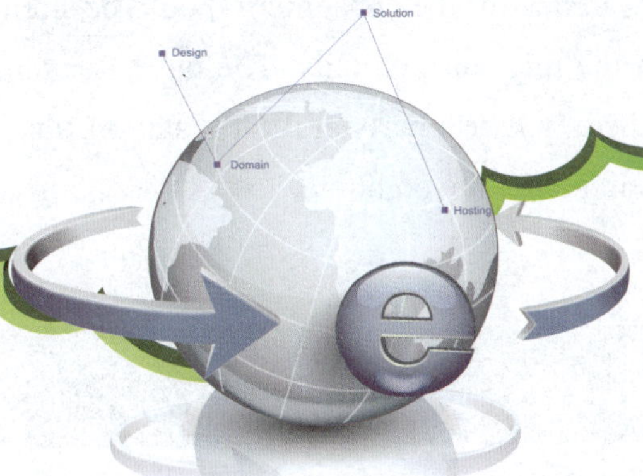

Zhao Hong's computer breaks down, so she calls Qi Yuan for help. Qi Yuan meets Bill on the way, so they come to Zhao Hong together.

Zhao Hong: Hey, Qi Yuan, you're a computer expert. Why do you have to bring an assistant with you?

Qi Yuan: We met on the way. Bill knows more about the computer than I do.

Bill: Stop kidding me. Zhao Hong, what's wrong with your computer?

Zhao Hong: Every time I turn it on, it freezes. There seems to be a virus in the system.

Bill: You just reinstall your system.

Zhao Hong: I've tried that; it doesn't work. The computer still freezes.

Qi Yuan: Then something's wrong with your software; is it pirated?

Zhao Hong: A friend of mine gave me a load of software; they might not be genuine.

Qi Yuan: No wonder your computer always went wrong.You should use genuine software.

Bill: I often saw news report on the protection of intellectual property right; it seems to me the Chinese government is very determined to fight piracy.

Qi Yuan: Yes, a unified hotline (12312) for reporting to the authorities and lodging complaints was opened in 2006.

Bill: May I call them?

Qi Yuan: Anyone, at any time, in any place, may dial the number as long as he or she encounters a piracy of intellectual property right.

Bill: Is there an official website?

Qi Yuan: Yes, the "China Intellectual Property Rights Protection" website.

Zhao Hong: It is very often reported that the government has destroyed many illegal production lines for pirated products or sales dens for faked famous brands.

Qi Yuan: I think it'd better for consumers to cultivate the habit of rejecting pirated products; when there are no buyers, there won't be any sellers.

Bill: Yes. You're right. The legal awareness of the consumers should be strengthened.

Qi Yuan: The key is to strengthen the relevant publicity. The day after tomorrow is April 26, the World Intellectual Property Day. There will be a party at the TV station, shall we go together?

Zhao Hong: Hey, don't just talk, help me fix the computer…

生词 New words

1	正版	zhèngbǎn	genuine
2	软件	ruǎnjiàn	software
3	助手	zhùshǒu	assistant
4	死机	sǐjī	(computer) to freeze
5	病毒	bìngdú	virus
6	安装	ānzhuāng	to install
7	系统	xìtǒng	system
8	照样	zhàoyàng	still
9	盗版	dàobǎn	illegal copy
10	老	lǎo	always
11	毛病	máobìng	shortcoming
12	解决	jiějué	to solve
13	保护	bǎohù	protection; to protect
14	打击	dǎjī	to fight
15	决心	juéxīn	determine

16	统一	tǒngyī	unified
17	举报	jǔbào	to report to the authorities
18	投诉	tóusù	to lodge complaints
19	开通	kāitōng	to open
20	遇到	yùdào	to encounter
21	拨打	bōdǎ	to dial(telephone)
22	官方	guānfāng	official
23	端掉	duāndiào	to put the lid on
24	制品	zhìpǐn	product
25	生产线	shēngchǎnxiàn	production line
26	捣毁	dǎohuǐ	to destroy
27	假冒	jiǎmào	to fake
28	窝点	wōdiǎn	den
29	宣传	xuānchuán	to give publicity to; to advertise
30	文艺	wényì	literature and art

专有名词 Proper nouns

1. 中国保护知识产权网
   Zhōngguó Bǎohù Zhīshi Chǎnquán Wǎng
   China Intellectual Property Rights Protection Website

2. 世界知识 产权日
   Shìjiè Zhīshi Chǎnquánrì
   World Intellectual Property Day

注释 Notes

1. 哪儿啊。

Stop kidding me.

常用在口语中，在对话中表示不同意前者所说的话。例如：

This is often used in oral Chinese, indicating disagreement to what the other speaker said before. For example:

A：你的汉语说得真地道。

You speak very standard Chinese.

B：哪儿啊，我还要多练习发音。

Stop kidding me. I still need to practice more pronunciation.

2. 你们俩别光顾着聊天，快帮我修电脑呀……

Don't just talk, help me fix the computer…

"光顾（着）……"表示只想着做某事，而没注意或没做其它的事。例如：

"光顾（着）……" means "to be wholly concentrated on something without paying attention to or doing other things. For example:

（1）我光顾着听音乐，没听到你和我打招呼。

I was absorbed in listening to music and didn't hear your greeting.

（2）我们光顾着说话，忘了下班的时间。

We just talked with each other without noticing it's already time to knock off.

（3）他们光顾着聊天，没注意到老板走过来了。

They were just chatting without noticing the boss was coming over.

练习
Exercises

一、跟读生词并且纠音。
Read the new words after the teacher and correct your pronunciation.

二、跟读课文并且纠音。
Read the text after the teacher and correct your pronunciation.

三、学生分组，分角色朗读课文一、二。
Divide the students into groups and read the texts 1 & 2 in different roles.

四、学生分组，不看书分角色表演课文一、二。
Divide the students into groups and role play the texts 1 & 2 without referring to the book.

五、角色扮演。
Role play.

（一）简单模拟关于一个商标侵权案件的判决情况的谈话：

请尽可能使用下面给出的生词：判决　维权　打赢　官司　胜诉　侵权　商标　注册　委托　代理　律师　不正当竞争　撤回

（二）假设一个同学A的朋友买了盗版盘，A在看，其他两位同学B和C看见了，三个人一起来聊一聊盗版的问题。请参照课文二的内容，每个人都要说说自己的想法。

六、替换练习。
Substitution drills.

1. 只有 + 注册了，+ 才能 + 受到法律保护。
   下课认真复习　很好地掌握已学的语法
   努力打拼　在公司站稳脚跟
   注意饮食　不生病

2. 海外维权的官司 + 反倒 + 加快了他们"海外扩张"的步伐。
   这次的失败　让他积累了很多经验
   这里的中国人　不常去中国饭馆吃饭
   老板自己　忘了开会的时间

3. 可以 + 委托 + 具有商标代理资格的组织 + 代理 + 商标注册。
   中华老字号　外国律师　商标维权案件
   法国公司　北京的一家服装公司　销售时装
   这家化妆品公司　马莉　他们的化妆品

4. 你们俩 + 别光顾着 + 聊天，+ 快帮我修电脑呀……
   大家　讨论投标的问题　喝咖啡
   小王你　看电视　帮我出出主意
   妈妈您　让别人吃菜，您自己也　吃

七、把下面的词语组成句子。
Make a sentence with the following words.

课文一：

1. 王致和　案　了　海外　商标　侵权　被　和　不正当竞争　打赢

2. 第一　中国　是　维权　世贸组织　加入　中华老字号　企业　后　海外　这　案

3. 哪国　的　有　企业　应该　国际　都　视野　无论　是

4. 尝试　的　这　算是　中华　向　扩展　海外　种　老字号　一

5. 你 信息 相关 注意 搜集 和 商标 的 啊 很 看来 注册

6. 咱们 办理 商标 外企 注册 怎么 应该 的

7. 委托 可以 政府 商标 的 具有 商标 代理 资格 的 中国 组织 认可 代理 注册

课文二：

1. 专家 个 还 带 电脑 了 你 个 助手 呀 这

2. 你 呢 的 出 电脑 老 怪不得 毛病

3. 都 现在 吗 不 是 盗版 多 人 用 软件 很

4. 知识产权 的 那么 容易 是 解决 的 看来 问题 不

5. 电脑 头疼 公司 就 为 盗版 家 问题 常常 那

6. 人 在 拨打 时间 任何 只要 知识产权 遇到 任何 的问题 地点 这个 就 可以 电话 任何

7. 觉得 还 是 要 我们 消费者 用 我 盗版 产品 的 养成 习惯 不

八、完成句子。

Complete the sentences.

1. 你一方面要努力学习，＿＿＿＿＿＿＿＿＿＿＿。（另一方面）
2. ＿＿＿＿＿＿＿＿＿＿＿，都要注意保护知识产权。（无论）
3. 他学汉语的时间比我的短，＿＿＿＿＿＿＿＿＿＿。（反倒）
4. 比尔是个中国通，＿＿＿＿＿＿＿＿＿＿＿。（比……更……）
5. 尽管已经毕业了，可是他＿＿＿＿＿＿＿＿＿＿。（照样）

九、完成对话。

Complete the dialogues with the words in the brackets.

1. A:你知道联想集团吗?

   B:______________________。（据说）

2. A:比尔,你的新衣服是名牌的吧?

   B:______________________。（哪儿啊）

3. A：你看我忙得都把女朋友的生日忘了!

   B：______________________。（怪不得）

4. A:小刘为什么和那个大款结婚了?

   B：______________________。（图）

5. A：你怎么迟到了?

   B：______________________。（光顾着）

十、根据课文的内容填空。

Fill in the blanks according to the dialogues in the texts.

(一)

小　张：王致和集团的总经理在接受______________时就说：海外维权的官司________加快了他们“海外________”的________。王致和目前已在40多个国家和地区进行了商标注册。

马　莉：看来你很注意________商标注册相关的信息啊。那我考考你?

小　张：您请说。

马　莉：咱们外企的商标注册应该怎么________?

小　张：可以________中国政府________的________商标________资格的组织代理商标注册。

(二)

齐　远：我觉得还是要我们消费者________不用________产品的习惯。没人买就不会有人卖了。

比　尔：对，你说的________。消费者在这方面的法律________应该________。

齐　远：关键还是要________宣传。对了，后天是4月26日，世界________日。电视台有个文艺晚会，我们一起去________吧。

赵　红：哎，你们俩别________着聊天，快帮我修电脑呀……

十一、阅读理解。
Reading comprehension.

中华老字号逐步改变了传统的经营模式，纷纷走出国门，到海外发展自己的企业。在“走出去”的过程中，老字号遇到了新问题，其中最严重的就是商标被抢注的问题。

老字号的企业在吸取教训的同时，也学会了做功课，这些企业的决策者仔细研究国际竞争中的规则，使企业在复杂、激烈的竞争中有效开拓海外市场，保持长久的生命力。

现在很多中华老字号企业已经掌握了国际竞争原则，它们不仅懂得在遇到商标侵权时，利用法律保护自己，而且还主动保护知识产权，在出海前就做好了准备。

回答问题。
Answer the questions.

1. 中华老字号为什么要“走出去”？
2. 这些企业遇到了什么问题？
3. 企业怎样才能在复杂、激烈的竞争中有效开拓海外市场？
4. “出海前”是指……

十二、复述课文一、二。
Retell the texts 1&2.

十三、完成任务。
Complete the tasks.

（一）请查一下最近的一个世界知识产权日，中国有哪些活动，其中你印象最深的是什么活动？为什么？完成以后，到课堂上和你的老师、同学交流你的看法。

（二）从下面的两个任务中选择一个，完成一段小组交流、讨论的情景对话，到课堂上来表演。

1. 你知道有哪些中华老字号吗？几个人一组，请在网上查一个食品行业中的老字号企业，看看它在经营管理方面是怎么做的？你们怎么看？

2. 你们的国家有哪些老字号？选择一家，几个人一组，请在网上查找这家老字号企业的情况，看看它在经营管理方面是怎么做的？你们怎么看？

Unit 5 第五单元

Zài Zhōngguó jìnchūkǒu shāngpǐn jiāoyìhuì shang

在中国进出口商品交易会上

At the China Import and Export Fair

课文一

Nǐmen gōngsī yě lái cānjiā shāngpǐn jiāoyìhuì la

你们公司也来参加商品交易会啦

Zài Zhōngguó jìnchūkǒu shāngpǐn jiāoyìhuì shang，Mǎ Lì hé Qí Yuǎn bù qī ér yù.

在中国进出口商品交易会上，马莉和齐远不期而遇。

Qí Yuǎn：Mǎ Lì，méi xiǎngdào zài zhè'r kànjiàn nǐ，nǐmen gōngsī yě lái cānjiā shāngpǐn jiāoyìhuì la?
齐　远：马莉，没想到在这儿看见你，你们公司也来参加商品交易会啦？

Mǎ Lì：Shì de. Nǐmen shì cǎigòu háishì cānzhǎn?
马　莉：是的。你们是**采购**还是**参展**？

Qí Yuǎn：Wǒmen shì lái cānzhǎn de. Wǒmen de zhǎnwèi jiù zài zhèbiān de zhǎnguǎn lǐ，zhǎnchǎng dōnglù B qū，lí zhè bù yuǎn，huānyíng nǐ qù kànkan.
齐　远：我们是来参展的。我们的**展位**就在这边的**展馆**里，**展场**东路B区，离这不远，欢迎你去看看。

Mǎ Lì：Hǎo! Qù nǐmen de zhǎnwèi kànkan.
马　莉：好！去你们的展位看看。

Qí Yuǎn：Duì le，Bǐ'ěr yě lái le，zhèngzài wǒmen nà'r cānguān ne.
齐　远：对了，比尔也来了，正在我们那儿参观呢。

（Mǎ Lì hé Qí Yuǎn láidào le Qí Yuǎn gōngsī de zhǎntái qián，kàndào le Bǐ'ěr.）
（马莉和齐远来到了齐远公司的展台前，看到了比尔。）

Mǎ Lì：Bǐ'ěr，nǐhǎo! Nǐ yě lái cānzhǎn?
马　莉：比尔，你好！你也来参展？

Bǐ'ěr：Wǒ lái Guǎngzhōu chūchāi，shùnbiàn lái kànkan.
比　尔：我来广州**出差**，**顺便**来看看。

（Zhèshí，Zhàohóng lái le.）
（这时，赵红来了。）

Mǎ Lì：Zhào Hóng? Shénme fēng bǎ nǐ yě gěi chuī lái le?
马　莉：赵红？什么风把你也给吹来了？

Zhào Hóng: Wǒ kěshì běnjiè jiāoyìhuì zhǔbànfāng gùyòng de zhuānzhí fānyì.
赵　红：我可是本届交易会**主办方雇用**的**专职翻译**。

Qí Yuǎn：Nǐ zěnme zhǎodào zhè'r de?
齐　远：你怎么找到这儿的？

Zhào Hóng: Wǒ zài 《Cānzhǎnshāng Diànzǐ Míngcè》 shang kàndào nǐmen gōngsī de míngzi，jiù guòlái kànkan. Tài qiǎo le! Nǐmen dōu zài.
赵　红：我在《**参展商电子名册**》上看到你们公司的名字，就过来看看。太**巧**了！你们都在。

Bǐ'ěr：Zhàohóng，shuōshuō zhè jiè Guǎngjiāohuì de qíngkuàng!
比　尔：赵红，说说这届广交会的情况！

Zhào Hóng: Xīn kèshāng dào huì zēngduō，chūkǒu chéngjiāo huínuǎn，zhōngguó de wàimào xíngshì chūxiàn le qǐwěn huíshēng de shìtóu.
赵　红：新**客商**到会增多，出口**成交回暖**，中国的外贸**形势**出现了**企稳回升**的**势头**。

Bǐ'ěr：Jùshuō，jīnnián guónèi de cǎigòu qǐyè hé wàimào qǐyè jìnxíng le duìjiē qiàtán.
比　尔：**据说**，今年国内的采购企业和外贸企业进行了**对接洽谈**。

Qí Yuǎn：Shì a，Mǎ Lì，nǐmen qiàtán de zěnmeyàng?
齐　远：是啊，马莉，你们洽谈得怎么样？

Mǎ Lì：Wǒmen fēicháng mǎnyì. Wǒmen shìxiān jiù jiēshòu le yìxiē gōngyìngshāng de wǎngshàng yùyuē，chūbù liǎojiě le tāmen de chǎnpǐn hé gònghuò nénglì，kāi zhǎn yǐhòu de qiàtán hěn yǒu zhēnduìxìng，xiàolǜ yě dàdà tígāo le.
马　莉：我们非常满意。我们**事先**就接受了一些**供应商**的网上**预约**，初步了解了他们的产品和**供货**能力，开展以后的洽谈很有**针对性**，**效率**也大大**提高**了。

Qí Yuǎn：Kànlái jīnróng wēijī bìng méiyǒu yǐngxiǎng wàishāng zài Zhōngguó de tóuzī rèqíng a!
齐　远：看来金融危机并没有影响外商在中国的投资**热情**啊！

Bǐ'ěr：Suīrán shòudào jīnróng wēijī de chōngjī，kě yǎnxià shìjiè de jīngjì zhèngzài fùsū.
比　尔：虽然受到金融危机的**冲击**，可眼下**世界**的经济正在**复苏**。

Qí Yuǎn：Zuìxīn xiāoxi：Zhōngguó yānghɑ́ng fābù de《Èr líng líng jiǔ nián sān jìdù hóngguān jīngjì xíngshì fēnxī》xiǎn shì，sān jìdù Zhōngguó GDP tóngbǐ zēngzhǎng bǎi fēn zhī bā diǎn jiǔ, zēngsù bǐ shàng jì huíshēng yī diǎn líng gè bǎifēndiǎn, GDP huánbǐ zhéniánlǜ wéi bǎi fēn zhī bā diǎn qī, jìxù bǎochí qiángjìng zēngzhǎng.
齐　远：最新消息：中国**央行发布**《2009年三季**度宏观经济**形势分析》显示，三季度中国GDP同比增长8.9%，**增速**比上季回升1.0个**百分点**，GDP**环比折年率**为8.7%，继续保持强劲增长。

Bǐ'ěr：Měiguó Shāngwùbù gōngbù: Èr líng líng jiǔ nián dì sān jìdù Měiguó GDP àn niánlǜ jìsuàn zēngzhǎng le bǎi fēn zhī sān diǎn wǔ，wéi liánxù sì gè jìdù xiàhuá hòu de shǒucì zēngzhǎng.

比　尔：美国商务部公布：2009年第三季度美国GDP按年率计算增长了3.5%，为连续四个季度下滑后的首次增长。

Mǎ Lì：Wǒmen Ōuyuánqū sān jìdù yǐjīng zhèngshì zǒuchū shuāituì. Guójì Huòbì Jījīn Zǔzhī zuìjìn yùcè，míngnián quánqiú jīngjì zēngzhǎng jiāng dádào bǎi fēn zhī sān diǎn yī，bǐ sì yuèfèn suǒ zuò de yùcè tígāo le yī diǎn èr gè bǎifēndiǎn.

马　莉：我们欧元区三季度已经正式走出衰退。国际货币基金组织最近预测，明年全球经济增长将达到3.1%，比4月份所作的预测提高了1.2个百分点。

Zhào Hóng: kànkan zhè jiè jiāoyìhuì de guīmó hé chéngjiāo'é，yě néng kànchū qǐyè de xìnxīn zhèngzài huīfù.

赵　红：看看这届交易会的规模和成交额，也能看出企业的信心正在恢复。

Text 1

Your company's also at the Fair?

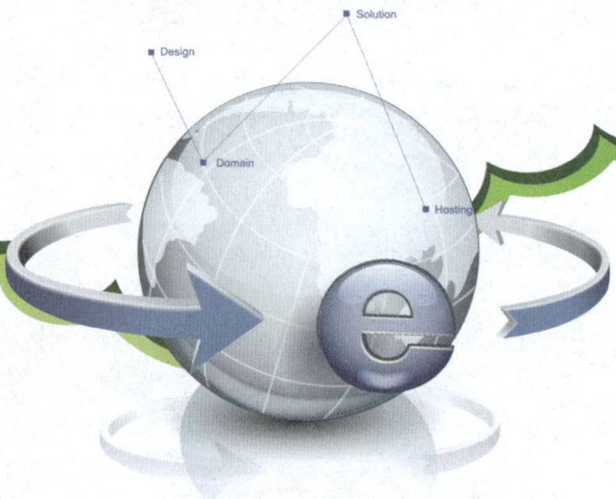

At the China Import and Export Fair, Maria runs into Qi Yuan.

Qi Yuan: Never expected to see you here, Maria. Your company's also at the Fair?

Maria: Yes. Have you come for purchasing or exhibition?

Qi Yuan: We've come for exhibiting our products. Our booth is right in this exhition hall; Area B, Zhanchang East Road; it's not far from here. You're welcome to our booth.

Maria: OK! Let's go to your booth.

Qi Yuan: Oh, Bill has also come and is visiting our booth now.

(*Maria and Qi Yuan arrive at the booth of Qi Yuan's company and they see Bill.*)

Maria: Hi, Bill! You're also an exhibitor here?

Bill: I came to Guangzhou on business and I'm just taking this opportunity to visit here.

(*At that time Zhao Hong arrives.*)

Maria: Zhao Hong? What wind blows you here?

Zhao Hong: I'm a full time interpreter employed by the host of the Fair.

Qi Yuan: How did you find the booth here?

Zhao Hong: I saw the name of your company in the Electronic Lists of Exhibitors, so I'm here now. What a coincidence! Everybody is here.

Bill: Zhao Hong, tell us about the Fair!

Zhao Hong: The number of new exhibitors has increased, export transactions are recovering and a momentum of stabilizing and rising has appeared in the general landscape of China's foreign trade.

Bill: It is said that domestic purchasing enterprises and foreign trade enterprises have held business talks this year.

Qi Yuan: So how about your talks, Maria?

Maria: We are very satisfied. We have already received some suppliers' subscriptions on the Internet beforehand, learning about their products and supplying capabilities; so the consequent talks might be very specific and efficient.

Qi Yuan: It seems that the financial crisis has not affected the enthusiasm of foreign businessmen to invest in China!

Bill: Though under the impact of the financial crisis, the economies of the world are recovering.

Qi Yuan: The latest news: The Analysis of the Macroeconomic Situation for the Third Quarter of 2009 released by China's central bank indicates that China's GDP for the third quarter has increased by 8.9% over the same period of last year, and that the growth rate increased by 1.0 percent over the second quarter. The sequential growth rate in GDP would be 8.7% in terms of annual growth rate; the GDP has shown a steady and robust growth.

Bill: According to the US Ministry of Commerce, the US GDP for the third quarter has increased by 3.5% in terms of annual growth rate, which is the first sign of growth after a consecutive downturn for four quarters.

Maria: In our euro-zone the economy for the third quarter has officially walked out of the recession. IMF recently predicted that the global economy will grow by 3.1% next year, 1.2% higher than that predicted in April.

Zhao Hong: If you observe the scale and total value of transactions at this Fair, you would know the confidence of businesses is recovering.

生词 New words

1	不期而遇	bù qī ér yù	to run into
2	采购	cǎigòu	to purchase
3	参展	cānzhǎn	participate in an exhibition
4	展位	zhǎnwèi	exhibition booth
5	展馆	zhǎnguǎn	exhibition hall
6	展场	zhǎnchǎng	exhibition
7	出差	chūchāi	be on a business trip
8	顺便	shùnbiàn	in passing; by the way
9	届	jiè	period
10	主办方	zhǔbànfāng	sponsor, organizer
11	雇用	gùyòng	to employ; to hire
12	专职	zhuānzhí	full time
13	翻译	fānyì	translate; translator, interpreter
14	巧	qiǎo	coincidence
15	客商	kèshāng	merchant; businessman
16	成交	chéngjiāo	transaction; bargain; turnouer; strike a bargain
17	回暖	huínuǎn	recover
18	形势	xíngshì	situation
19	企稳	qǐwěn	to stabilize
20	回升	huíshēng	to rise back
21	势头	shìtóu	momentum; tendency
22	据说	Jùshuō	it is said that

23	对接	duìjiē	corresponding connection
24	洽谈	qiàtán	to negotiate with; negotiation
25	事先	shìxiān	beforehand
26	供应商	gōngyìngshāng	supplier
27	预约	yùyuē	make an appointment；reservation
28	供货	gònghuò	to supply
29	针对性	zhēnduìxìng	pertinence
30	效率	xiàolǜ	efficiency
31	提高	tígāo	to raise; to improve
32	影响	yǐngxiǎng	to affect; influence; to influence
33	热情	rèqíng	enthusiasm
34	冲击	chōngjī	impact
35	复苏	fùsū	to recover
36	发布	fābù	to release
37	季度	jìdù	quarter (of a year)
38	宏观经济	hóngguān jīngjì	macroeconomy
39	增速	zēngsù	growth rate
40	百分点	bǎifēndiǎn	percent
41	折年率	zhéniánlǜ	in terms of annual growth rate
42	保持	bǎochí	to maintain; to keep
43	强劲	qiángjìng	strong; robust
44	公布	gōngbù	to publish
45	年率	niánlǜ	annual rate
46	连续	liánxù	consecutive
47	下滑	xiàhuá	downturn
48	首次	shǒucì	first

49	正式	zhèngshì	officially
50	衰退	shuāituì	recession
51	预测	yùcè	to predict; to forecast
52	全球	quánqiú	global
53	成交额	chéngjiāo'é	trading volume; volume of transaction
54	信心	xìnxīn	confidence
55	恢复	huīfù	to recover

专有名词 Proper nouns

1. 参展商电子名册
   Cānzhǎnshāng Diànzǐ Míngcè
   The Electronic List of Exhibitors
2. 广交会
   Guǎngjiāohuì
   The Canton Fair(The China Import and Export Commodities Fair)
3. 央行
   Yāngháng
   The Central Bank
4. 商务部
   Shāngwùbù
   The Ministry of Commerce
5. 欧元区
   Ōuyuánqū
   Eurozone
6. 国际货币基金组织
   Guójì HuòbìJījīn Zǔzhī
   The International Monetary Fund (IMF)

注释 Notes

1．我来广州出差，顺便来看看。

I came to Guangzhou on business and I'm just taking this opportunity to visit here.

"顺便"，副词，借着在做某一件事情时的方便（做另外一件事情）。例如：

"顺便", an adverb, meaning "making use of the convenience of doing something (to do something else)." For example:

（1）我这次来北京旅游顺便看了看多年未见的朋友。

I came to travel here in Beijing and met with my friends I haven't seen for years.

（2）你如果去图书馆的话，顺便帮我把书还了。

If you go to the library, just return the book for me.

（3）你回家的路上顺便买点儿水果。

Buy some fruit on your way home.

2．什么风把你也给吹来了？

What wind blows you here?

这是口语中的常用句式，是对某人的出现和到来表示惊奇，也可以说"（是）什么风把你吹来的"。例如：

This is a popular pattern in oral Chinese, used to express surprise at someone's appearance or arrival; we can also say "（是）什么风把你吹来的". For example:

（1）A：小王，你没想到我也来参加广交会了吧？

You didn't expect me to come to the Guangzhou Fair, did you, Xiaowang?

B：是啊，什么风把你也给吹来了？

I didn't. What wind blows you here?

（2）你不是去广州出差了吗？什么风把你也给吹来了？

Didn't you go to Guangzhou on business? What wind blows you here?

（3）这么多年，你从来不来酒吧，今天是什么风把你吹来的？

You have never come to a pub all these years; what wind blows you here today?

3．据说，今年国内的采购企业和外贸企业进行了对接洽谈。

It is reported that domestic purchasing enterprises and foreign trade enterprises have held business talks this year.

“据说”，动词，根据别人说，听说，表示消息的来源。作插入语。可以放在句子的开头和中间。例如：

“据说”，a verb, “according to others”, “I hear”, indicating the source of information. As a parenthesis, it can be put at the beginning or in the middle of a sentence. For example:

（1）据说他母亲是个中国人。/他母亲据说是个中国人。

I hear his mother is a Chinese./ His mother is said to be a Chinese.

（2）据说下个月我们要换新老板了。

It is said that we'll have a new boss next month.

（3）据说这次的交易会上来了很多的国际买家。/

这次的交易会上，据说，来了很多的国际买家。

It is reported that many international buyers have come to the Fair./ Many international buyers are reported to have come to the Fair.

4.GDP

GDP是英文gross domestic product的缩写，是国内生产总值，（中国港台地区翻译为本地生产总值）。通常对GDP的定义是：一定时期内（一个季度或一年），一个国家或地区的经济中所生产出的全部最终产品和提供劳务的市场价值的总值。

GDP, short for “gross domestic product”. It is often defined as “The total market value of all final goods and services produced in a country or region in a given period of time (a quarter or a year)”.

在经济学中，常用GDP和GNI（国民总收入gross national income）共同来衡量一个国家或地区的经济发展综合水平的通用的指标。这也是目前各个国家和地区常采用的衡量手段。GDP反映的是国民经济各部门的增加值的总额。GDP被认为是衡量国民经济发展情况最重要的一个指标。在中国，国家统计局每年公布GDP数据。

In economics GDP and GNI (gross national income) are often used as general indicators to measure the comprehensive level of a country or region's economic development. GDP reflects the total volume of value added of all sectors of an economy, which is considered the most important indicator of economic situation. GDP data are released every year by the National Bureau of Statistics.

一般来说，一国的GDP大幅增长，反映出该国经济发展较快，国民收入增加，消费能力也随之增强。在这种情况下，该国中央银行将有可能提高利率，紧缩货币供应。反过来说，如果一国的GDP出现负增长，显示该国经济处于衰退状态，消费能力减低。这时，该国中央银行将可能减息来刺激经济再度增长。

Generally speaking, a big increase of a country's GDP indicates a faster economic growth, an increase of national income and enhancement of consuming ability. Under such circumstances the central bank may raise interest rates and tighten money supply. On the contrary, a negative growth in GDP indicates the state of economic recession and a decrease in consuming ability. At this time the central bank might lower its interest rates to stimulate a new round of economic growth.

5. 同比，环比

Compared with the same period of the previous year, compared with the previous or succeeding month.

这是两个统计术语。

同比是指今年第n月与去年第n月比。

环比是指今年第n月与第n-1月或第n+1月比。

比如今年8月GDP为a，去年8月GDP为b，今年7月GDP为c，那么，今年8月GDP同比增长率为：(a-b)/b×100%；今年8月GDP环比增长率为：(a-c)/c×100%。

The two are the statistic terms.

同比 refers to the comparison with the same month of last year.

环比 refers to the comparison with the previous or succeeding month.

For example, if "a" is the GDP for August this year, b the GDP for August last year, and c the GDP for July this year, then the year-on-year growth rate for August this year is (a-b)/b×100%; the sequential growth rate for August this year is (a-c)/c×100%.

6. 明年全球经济增长将达到3.1%。

The global economy will grow by 3.1% next year.

"将"，副词，这里是表示对未来情况的判断。有肯定、一定的意思。在句中作状语，修饰动词。例如：

"将", an adverb, here indicating a judgment about a future event, meaning "will" or "must". It serves as an adverbial in a sentence, modifying the verb. For example:

（1）在这里学习一年后，你们的汉语水平将有很大的提高。

After one year's studying here, your Chinese will be greatly improved.

（2）我们将永远记住他对我们的帮助。

We shall forever remember his help to us.

（3）经济学家预测这次金融危机将持续三到五年。

Economists predict the financial crisis will continue for three to five years.

课文二

Chǎnyè de zhuǎnxíng shēngjí，shì qǐyè de shēngcún zhī dào

产业的转型升级，是企业的生存之道

Zhào Hóng huí fānyì fúwù zhōngxīn le，Mǎ Lì、Qí Yuǎn、Bǐ'ěr hái zài Qí Yuǎn gōngsī de zhǎnwèi lǐ liáotiān.

赵红回翻译服务中心了，马莉、齐远、比尔还在齐远公司的展位里聊天。

Qí Yuǎn：Bǐ'ěr，tīngshuō nǐmén jítuán shōugòu le yī jiā mínyíng qǐyè.

齐　远：比尔，听说你们**集团收购**了一家**民营**企业。

Bǐ'ěr：Shì，wǒmen gānggāng rùgǔ le Guǎngdōng de yī jiā cóngshì fēnglì fādiàn de xīn néngyuán qǐyè.

比　尔：是，我们刚刚**入股**了广东的一家**从事风力发电**的新能源企业。

Qí Yuǎn：Zhēnshì ge hǎo xiàngmù! Guójiā Fāgǎi wěi、Cáizhèngbù、Guójiā Shuìwù Zǒngjú děng bā gè bùwěi céngjīng liánhé chūtái yìjiàn，tōngguò jiǎnmiǎn shuìshōu děng fāngshì gǔlì wàishāng tóuzī xīn néngyuán lǐngyù.

齐　远：真是个好项目！**国家发改委、财政部、国家税务总局**等八个**部委**曾经**联合出台**意见，通过**减免**税收等方式鼓励外商投资新能源领域。

Bǐ'ěr：Shì a，Zhōngguó zhèngfǔ zǎo zài èr líng líng qī nián dǐ jiù fābù le 《Zhōngguó Néngyuán Zhuàngkuàng hé Zhèngcè》 Báipíshū，yuèláiyuè zhòngshì jiénéng jiǎnpái、néngyuán guīhuà.

比　尔：是啊，中国政府早在2007年底就**发布**了**《中国能源状况和政策》白皮书**，越来越重视**节能减排**、能源**规划**。

Qí Yuǎn：Jiénéng huánbǎo chǎnyè shì zhànlüèxìng xīnxīng chǎnyè，shì xīn de jīngjì zēngzhǎngdiǎn，fāzhǎn qiánjǐng guǎngkuò. Nǐmen lǎobǎn zhēn yǒu yǎnguāng!

齐　远：节能环保产业是**战略性新兴**产业，是新的经济**增长点**，发展**前景广阔**。你们老板真有眼光！

Mǎ Lì：Wǒ juéde，qíshí，zhè cì jīnróng wēijī yě gěi Zhōngguó tiáozhěng chǎnyè jiégòu dàilái le qìjī.

马　莉：我觉得，其实，这次金融危机也给中国**调整**产业结构带来了**契机**。

Bǐ'ěr：Shì a，Zhōngguó yīnggāi jiākuài Yī、Èr、Sān chǎnyè de yōuhuà bùjú，yǐnjìn fādá guójiā de xiānjìn jìshù hé shèbèi，hélǐ kāifā lìyòng zīyuán，Zhōngguó de jīngjì fāzhǎn cái huì yuèláiyuè wěnjiàn.

比　尔：是啊，中国应该加快一、二、三产业的**优化布局**，**引进**发达国家的**先进**技术和设备，**合理开发利用**资源，中国的经济发展才会越来越**稳健**。

Qí Yuǎn：Měiyuán biǎnzhí，yuáncáiliào chéngběn shàngzhǎng，guójì gòumǎilì xiàjiàng，jīnróng wēijī zhēn ràng nǐmen zhèyàng de fúzhuāng chūkǒu qǐyè shòudào le bù xiǎo de chōngjī.

齐　远：美元**贬值**，原材料成本上涨，国际**购买力**下降，金融危机真让你们这样的服装出口企业受到了不小的冲击。

Mǎ Lì：Shì ya，háihǎo zǒngsuàn tǐng guòlái le! Jīnróng wēijī gěi qǐyè de jīngyíng dàilái le hěndà de yālì. Wǒmen gōngsī zhòngdiǎn tiáozhěng le chǎnpǐn jiégòu，bìnggòu le liǎng jiā bīnlín pòchǎn de qǐyè，wéi jīnróng wēijī hòu kuòdà shēngchǎn nénglì dǎxià le jīchǔ.

马　莉：是呀，还好**总算挺过来**了！金融危机给企业的经营带来了很大的**压力**。我们公司重点调整了产品结构，并购了两家**濒临破产**的企业，为金融危机后扩大生产能力打下了基础。

Bǐ'ěr：Wēijī zhīxià，chǎnyè de zhuǎnxíng shēngjí，shì qǐyè de shēngcún zhī dào a.

比　尔：危机之下，产业的**转型升级**，是企业的**生存之道**啊。

Qí Yuǎn：Kěbùshì ma! Zhè jì yǒulìyú jīngjì fùsū，yě kěyǐ bǎozhèng wèilái jīngjì de kě chíxù fāzhǎn.

齐　远：可不是嘛！这既有利于经济复苏，也可以保证未来经济的可持续发展。

Text 2

The transition and upgrading of industry is the surviving strategy for enterprises

Zhao Hong returns to Translation Service Center. Maria. Qi Yuan and Bill are still chatting at the booth of Qi Yuan's company.

Qi Yuan: Bill, I hear your company has purchased a private enterprise.

Bill: Yes. We have just bought into a new energy enterprise in Guangdong, which deals in the business of wind power.

Qi Yuan: What an excellent project! The eight ministerial authorities including the National Development and Reform Commission, the Ministry of Treasury and the State Administration of Taxation, have jointly released a guiding opinion that the government will encourage foreign investment in the field of new energy by means of tax reduction and exemption, etc.

Bill: That's right. The Chinese government released The White Paper on "China's Energy Situation and Policies" as early as in the end of 2007, attaching more and more importance to energy saving, emission reduction and energy planning.

Qi Yuan: The energy saving and environment protection industries are the new and strategic ones which might become the new engine for economic growth and have broad prospects for the future. Your boss really has some foresight!

Maria: As far as I'm concerned, the financial crisis has actually brought China a good opportunity to restructure its industries.

Bill: That's right. China should expedite optimizing the structure of the primary, secondary and tertiary sectors, introducing advanced technologies and equipment from developed countries, and rationally developing and utilizing its natural resources, so as to render a steady and healthy economic development.

Qi Yuan: With the devaluation of the dollar, increasing costs of raw materials, and decreasing international purchasing power, the financial crisis really has great impact on an exporter of garments like yours.

Maria: Indeed. But we have survived it after all! The financial crisis has brought great pressure on the operations of our company. We mainly adjusted the structure of our products and took over two companies on the verge of bankruptcy, laying a foundation for expanding our production capabilities after the crisis.

Bill: Under the crisis, the transition and upgrading of industry is the surviving strategy for enterprises.

Qi Yuan: Of course it is! That not only benefits the economic recovery, but also ensures a sustainable economic development in the future.

生词 New words

1	收购	shōugòu	to purchase
2	民营	mínyíng	private (enterprise)
3	入股	rùgǔ	to become a shareholder
4	从事	cóngshì	to deal in
5	风力	fēnglì	wind power
6	发电	fādiàn	to generate electricity
7	部委	bùwěi	ministries
8	联合	liánhé	to unite; jointly
9	出台	chūtái	release
10	减免	jiǎnmiǎn	reduction and exemption
11	发布	fābù	to release; to issue
12	节能	jiénéng	energy saving
13	减排	jiǎnpái	emission reduction
14	规划	guīhuà	planning; programming; projection
15	战略性	zhànlüèxìng	strategic
16	新兴	xīnxīng	new
17	增长点	zēngzhǎng diǎn	growth point
18	前景	qiánjǐng	prospect
19	广阔	guǎngkuò	wide; broad
20	调整	tiáozhěng	to restructure
21	契机	qìjī	opportunity
22	优化	yōuhuà	to optimize
23	布局	bùjú	layout

24	引进	yǐnjìn	to introduce
25	先进	xiānjìn	advanced
26	合理	hélǐ	reasonably; rationally
27	开发	kāifā	to develop
28	利用	lìyòng	to utilize
29	稳健	wěnjiàn	stable and steady
30	贬值	biǎnzhí	devaluation
31	购买力	gòumǎilì	purchasing power
32	总算	zǒngsuàn	finally;on the whole
33	挺	tǐng	to endure or hold out against (hardship, etc)
34	压力	yālì	pressure
35	频临	bīnlín	on the verge of
36	破产	pòchǎn	bankruptcy
37	转型	zhuǎnxíng	transition
38	升级	shēngjí	to upgrade
39	生存之道	shēngcún zhī dào	surviving strategy

专有名词 Proper nouns

1. 国家发改委
   Guójiā Fāgǎiwěi
   National Development and Reform Commission
2. 财政部
   Cáizhèngbù
   Ministry of Finance
3. 国家税务总局
   Guójiā Shuìwù Zǒngjú
   State Administration of Taxation

注释 Notes

1.《中国能源状况和政策》白皮书

The White Paper on China's Energy Situation and Policies

2007年12月，中国国务院新闻办发布了《中国能源状况和政策》白皮书。全文1.6万字，详细介绍了中国能源发展现状、能源发展战略和目标、全面推进能源节约、提高能源供给能力、促进能源产业与环境协调发展、深化能源体制改革，以及加强能源领域的国际合作等政策措施。

On December 2007 the Information Office of China's State Council released "The White Paper on China's Energy Situation and Policies." The 16,000-word paper gives a detailed account of the current situation of China's energy development, strategies and objectives, promotion of energy saving, improvement of energy supply ability, promotion of the coordinative development between energy industry and environment, and the strengthening of international cooperation in the field of energy.

白皮书，它是一个国家的政府部门针对某一个行业向国内外正式发布信息、资料、政策的一种手段。它带有一定的严肃性并能为人所遵从认可。

The white paper is an instrument with which the government officially releases its policies on a certain industry. It is of a serious nature and generally received as official.

一国政府或议会正式发表的重要文件或报告，各国依其习惯使用不同颜色的封皮，白色的叫白皮书，蓝色的叫蓝皮书（如英国政府），还有红皮书（如西班牙政府）、黄皮书（如法国政府）、绿皮书（如意大利政府）等。使用白皮书和蓝皮书的国家最多，特别是白皮书已经成为国际上公认的正式官方文书。

An important document or report officially released by the government or parliament often has covers of different colors according to different customs, for example, white, blue (British government), red (e.g. Spanish government), yellow (e.g. French government), and green (Italian government), etc. Most governments use white paper or blue paper, especially white paper which has become a symbol of official document recognized internationally.

白皮书可能是一本书，也可能是一篇文章。白皮书既可以是系列的，也可能是在某个特定环境下专门发表的。

The white paper can be a book or an article, in a series or for a specific context.

2. 第一、二、三产业

The primary, secondary and tertiary sectors

根据《国民经济行业分类》，中国对三个产业的划分如下：

According to "Industry Categories of the National Economy", the three sectors of industries are as follows:

第一产业是指农、林、牧、渔业。

The primary sector refers to agriculture, forestry, animal husbandry and fishery.

第二产业是指采矿业，制造业，电力、建筑业，燃气及水的生产和供应业。

The secondary sector refers to mining, manufacturing, construction, the production and supply of power, gas, and water.

第三产业是指除第一、二产业以外的其他行业。主要包括：交通运输、仓储和邮政业，信息传输、计算机服务和软件业，批发和零售业，住宿和餐饮业，金融业，房地产业，租赁和商务服务业，科学研究、技术服务和地质勘察业，水利、环境和公共设施管理业，居民服务和其他服务业，教育，卫生、社会保障和社会福利业，文化、体育和娱乐业，公共管理和社会组织，国际组织。

The tertiary industry refers to other industries except those of the primary and secondary sectors, mainly including transportation, warehousing, postal service, information transmission, computer service and software, wholesaling and retailing, hotels and restaurants, finance, real estate, renting and business services, scientific research, technological service, geological prospecting, water conservancy, environment protection, public facility management, service for residents and other services, education, health care, social insurance and social welfare, culture, sports and entertainment, public governance, social organizations and international organizations.

广义上说，一般我们说到这三个产业，第一产业就是指农业，第二产业指工业，第三产业指服务业。

In a broader sense, the primary sector refers to agriculture, the secondary the manufacturing, and the tertiary the service.

3. 可不是嘛！

Of course it is!

这是口语中的一个常用句式。用反问的形式表示赞同、肯定对方说的话。也可以说“可不是，可不”。例如：

This is a common sentence pattern in spoken Chinese. It is an expression of approval in an interrogation. “可不是or可不”also do. For example:

（1）A：奥林匹克公园可真漂亮！

The Olympic park is so beautiful!

B：可不是嘛，每天都有很多人来参观。

Of course it is. Many people visit here every day.

（2）A：企业并购终于成功了，咱们晚上一起庆祝一下吧！

We are finally successful in taking over the company, let’s celebrate together tonight!

B：可不是嘛，这段时间我们合作得非常愉快。

Of course we will. Our cooperation has been going on so well during this period of time.

一、跟读生词并且纠音。

Read the new words after the teacher and correct your pronunciation.

二、跟读课文并且纠音。

Read the text after the teacher and correct your pronunciation.

三、学生分组，分角色朗读课文一、二。

Divide the students into groups and read the texts 1 & 2 in different roles.

四、学生分组，不看书分角色表演课文一、二。

Divide the students into groups and role play the texts 1 & 2 without referring to the book.

五、角色扮演。

Role play.

1．两人一组，A和B，请参考课文一、二进行对话，角色可以互换。

谈话的主要内容：

中国、美国、欧元区的经济复苏的情况；在金融危机之下，企业应该怎么做？

请使用下面的词语：

GDP　同比　环比　增长　增速　回升　百分点　连续　下滑　衰退　预测　将达到　恢复　经济体　调整　产业　转型　升级

六、替换练习。

Substitution drills.

1．你们 + 是 + 采购 + 还是 + 参展？

我们	去天坛	去长城
你们	来中国学习	工作
他们	并购	合作

2．我来广州出差， + 顺便 + 来看看。

我到中国访友	去旅游
你去天津考察	拜访李教授
他去美国参加研讨会	参观一些高校

3．据说， + 今年国内的采购企业和外贸企业进行了对接洽谈。

圣诞节期间商场有很多的打折促销活动

年底房价将会有大幅震荡

美国总统将于近期访华

4．我们+事先+就接受了一些网上预约，初步了解了+他们的产品。

我	拿到了这所学校的招生简章	他们的培训课程
他们	看到了样品	这家服装厂的加工水平
你们	接受岗位培训	公司的基本情况

5．国际货币基金组织+最近预测，+明年全球经济增长+将达到 +3.1%。

世界卫生组织	全球甲型H1N1感染者	20亿
中国假日办	十一长假期间旅游人数	1000万
招生办负责人	下个学期留学生人数	2000人

6．看看这届交易会的规模， + 也能看出 + 企业的信心正在恢复。

这学期的招生人数	汉语越来越受到人们的重视
破产企业的数量	金融危机对出口企业的冲击
他们占的市场份额	这家公司的实力

7. 这次金融危机 + 给 + 中国调整产业结构 + 带来了 + 契机。

这次十一长假	旅游业	更多的利润
这次机构调整	公司	新的活力
原材料成本上涨	企业扩大生产	很大的压力

8. 还好 + 总算 + 挺过来了！

我	把贷款还完了
金融危机	结束了
债务问题	解决了

9. 我们公司调整了产品结构，+ 为 + 扩大生产能力打下了基础。

海外投资	他们的企业扩大了销售渠道
新兴的能源产业	经济带来新的增长点
代理这个品牌之后	我们公司扩大了影响

10. 危机 + 之下，+ 产业的转型升级，+是 + 企业的生存之道啊。

政府鼓励	新能源领域	外商投资的热点
工作压力	假期旅行	放松的好办法
再三考虑	跳槽	最好的选择

七、把下面每组词语组成句子。
Make a sentence with the following words in each group.

课文一：

1. 看见　没　在　你　想到　这儿

2. 展位　去　的　看看　你们

3. 届　雇佣　我　专职　可是　翻译　的　主办方　交易会　本

4. 把　什么　了　你　给　风　吹　也　来

5. 的　广交会　说　这　说　届　情况

6. 外贸　中国　的　回升　形势　了　势头　企稳　的　出现

7. 洽谈　的　有　开　以后　针对性　展　很

8. 影响 看来 在 外商 危机 啊 投资 没有 热情 金融 中国 的 并

9. 复苏 眼下 经济 正在 的 各国

10. GDP 回升 三季度 百分点 中国 比 上季度 1.0 增速 个

11. 我们 走出 已经 衰退 欧元区 正式

课文二：

1. 企业 听说 家 集团 了 一 民营 收购 你们

2. 能源 我们 的 入股 新 企业 一 从事 家 发电 刚刚 风力 了

3. 曾经 八 出台 联合 部委 意见 个

4. 早 政府 在 2007年 就 状况 中国 了 底 能源 发布 白皮书

5. 节能 广阔 产业 发展 环保 前景

6. 第一 中国 加快 二 三 优化 产业 应该 布局 的

7. 发达 技术 中国 应该 和 先进 引进 设备 国家 的

8. 才 中国 的 越来越 经济 会 稳健 发展

9. 服装 危机 真 出口 冲击 企业 受到 了 金融 不小 的 让

10. 了 我们 并购 破产 两 频临 的 企业 家 公司

11. 经济 这 有利于 也 经济 可以 持续 未来 的 既 可 保证 发展 复苏

八、根据课文的内容填空。

Fill in the blanks according to the dialogues in the text.

（一）

比　尔：__________，今年国内的采购企业和外贸企业进行了__________。

齐　远：是啊，马莉，你们洽谈得怎么样？

马　莉：我们非常满意。我们__________就接受了一些供应商的网上预约，__________了解了他们的产品和供货能力，开展以后的洽谈很有__________，效率也大大提高了。

齐　远：看来金融危机并没有__________外商在中国的投资热情啊！

比　尔：虽然受到金融危机的__________，可__________各国的经济正在复苏。

（二）

齐　远：美元__________，原材料成本上涨，国际__________下降，金融危机真让你们这样的服装出口企业受到了不小的__________。

马　莉：是呀，还好__________挺过来了！金融危机给企业的经营带来了很大的__________。我们公司重点调整了产品结构，并购了两家__________的企业，为金融危机后扩大生产能力打下了__________。

比　尔：危机之下，产业的__________，是企业的__________啊。

齐　远：可不是嘛！这既有利于经济__________，也可以保证未来经济的__________发展。

九、阅读理解。

Reading comprehension.

国际货币基金组织在今年7月发表的《世界经济展望》更新报告中预测，世界经济正开始走出二战以来最严重的衰退。该报告指出世界经济正趋于稳定，今年世界经济预计将收缩1.4%，略差于今年4月份预计的收缩1.3%，明年世界经济则可望增长2.5%，比4月份预期高了0.6个百分点。

根据有关报告的预测，美国经济今年下半年将趋于稳定，明年会逐渐复苏。欧元区经济今年和明年分别收缩4.8%和0.3%。日本、德国、英国、法国、加拿大等国今年的经济增长率都是负数，其中日本经济今年将收缩6.0%，明年则可望增长1.7%。报告对中国、印度这样新兴和发展中的经济体持较为乐观的态度，并预测中国今年和明年的增长率分别为7.5%和8.5%，印度今明两年经济增长率预计为5.4%和6.5%，比原先预期均提高0.9个百分点。

根据上面这篇文章判断正误。

1. 世界经济出现了二战以来最严重的衰退。 ( )
2. 明年的世界经济增长将略差于今年。 ( )
3. 美国经济明年将完全复苏。 ( )
4. 欧元区经济明年将收缩4.8%。 ( )
5. 德国、英国、法国明年的经济增长率是负数。 ( )
6. 日本今年的经济有望出现增长态势。 ( )
7. 国际货币基金组织认为中国和印度的经济增长速度较好。 ( )
8. 国际货币基金组织原先对印度经济增长率的预期比现在低。 ( )

十、复述课文。
Retell the texts 1&2.

十一、完成任务。
Complete the tasks.

1. 商务调查：

（1）你知道广交会吗？你最想了解广交会什么方面的信息，网上查找资料，到课堂上来向你的同学和老师介绍。

（2）你有没有参加过广交会？如果参加过，请向你的老师和同学介绍一下你的经历。如果没有参加过，请试试向参加过的人了解情况，并向你的老师和同学报告。

2．小组讨论：

查找资料，了解你的国家在节能减排方面有哪些具体措施？此外，在生活中你有哪些节能减排的小办法。几个人一组，交流讨论。论讨完成后，每组选出一位代表在课堂上介绍你们讨论的情况。

第六单元

Unit 6

Lǐcái

理财

Financial Management

课文一

Xiànzài Zhōngguó rén de lǐcái yìshi de biànhuà

现在中国人的理财意识的变化

Máng le yī duàn shíjiān，Bǐ'ěr、Mǎ Lì、Qí Quǎn、Zhào Hóng sì rén jùhuì. Yī tiān xiàwǔ，zài cháguǎn，Qí Quǎn yībiān kàn zhe shǒujī，yībiān hé dàjiā liáotiān，xiǎndé xīn bù zài yān.

忙了一段时间，比尔、马莉、齐远、赵红四人聚会。一天下午，在茶馆，齐远一边看着手机，一边和大家聊天，显得心不在焉。

Bǐ'ěr：Qí Yuǎn，nǐ kàn shénme ne？

比　尔：齐远，你看什么呢？

Zhào Hóng: Tā ya，zhèng yòng shǒujī chǎogǔ ne! Nǐ de gǔpiào zhǎng le ma？

赵　红：他呀，正用手机**炒股**呢！你的股票**涨**了吗？

Qí Yuǎn：Nǎ'ér a，qùnián xióngshì，zìcóng gāowèi tàoláo zhīhòu，dào xiànzài wǒ dōu hái méiyǒu jiětào ne!

齐　远：哪儿啊，去年**熊市**，自从**高位套牢**之后，到现在我都还没有**解套**呢！

Zhào Hóng: Zuìjìn，chuàngyèbǎn guàpái shàngshì，nǐ shēngòu le ma？

赵　红：最近，**创业板**挂牌**上市**，你**申购**了吗？

Qí Yuǎn：Méiyǒu，zījīn búgòu le!

齐　远：没有，资金不够了！

Bǐ'ěr：Nǐ kàn zhè Kxiàntú，dàpán fàngliàng，Hùshì zhǐshù yǐjīng tūpò sān qiān èr baǐ diǎn le!

比　尔：你看这**K线图**，**大盘放量**，**沪市指数**已经**突破**3200点了！

Zhào Hóng: Jījīn zhǐshù、Shàngzhèng hé Shēnzhèn Bgǔ xiāngjì chuàngchū xīngāo，kěyǐ tiáozhěng chícāng jiégòu le. Wǒ kàn，nǐ yě bié chígǔ dài zhǎng le，kěyǐ shìdàng jiǎnchí，huàn yī zhī gǔpiào.

赵　红：**基金**指数、上证和**深圳B股相继创**出**新高**，可以调整**持仓**结构了。我看，你也别持股**待**涨了，可以适当**减持**，换一支股票。

Qí Yuǎn：Kàn ba，míngtiān rúguǒ shìchǎng chōnggāo huíluò，kěyǐ zài zhèndàng zhōng zhǎo yī zhī qiánlìgǔ dīxī，zhúbù zēngcāng zuòduō.

齐　远：看吧，明天如果市场**冲高回落**，可以在**震荡**中找一支**潜力股低吸**，逐步**增仓做多**。

Zhào Hóng: Jīngjì shùjù zhúbù xiànghǎo，yèjì xiànghǎo de qǐyè zài zēngjiā，kěyǐ guānzhù.

赵　红：经济数据逐步**向好**，**业绩**向好的企业在增加，可以**关注**。

Mǎ Lì：Kànlái，xiànzài Zhōngguó rén de lǐcái yìshi biànhuà hěn dà，dōu yuànyì yòng tóuzī de fāngshì lái yìngfù tōngzhàng le!

马　莉：看来，现在中国人的理财意识变化很大，都愿意用投资的方式来**应付**通胀了！

Zhào Hóng: Kě mùqián zhōngguó de CPI hé PPI tóngbǐ dōu chūxiàn le xiàdiē tàishì, jīngjì fùsū háishì yǒu yālì ya!

赵　红：可目前中国的CPI和 PPI同比都出现了**下跌态势**，经济复苏还是有压力呀！

Bǐ'ěr: Wèi le qiánglì jiùshì, mùqián gèguó dōu zài zhíxíng kuānsōng de huòbì zhèngcè, yīdàn chùdǐ huínuǎn, tōngsuō jiù huì zhuǎnwéi tōngzhàng, shìjiè fànwéi nèi de tōnghuò péngzhàng yùqī háishì cúnzài de.

比　尔：为了**强力救市**，目前各国都在**执行宽松**的**货币**政策，一旦**触**底回暖，通缩就会转为**通胀**，世界范围内的通货膨胀**预期**还是存在的。

Qí Yuǎn: Yínháng lìlǜ gǎnbushàng wùjià de shàngzhǎng, suǒyǐ wǒ juéde bǎ qián cún yínháng hái bùrú tóuzī gǔpiào、jījīn、qīhuò zhèyàng de zhèngquàn shìchǎng.

齐　远：银行**利率赶不上**物价的上涨，所以我觉得把钱存银行还不如投资股票、**基金**、**期货**这样的**证券**市场。

Bǐ'ěr: Dàjiā cháng shuō, gǔshì yǒu fēngxiǎn, tóuzī xū jǐnshèn na!

比　尔：大家常说，**股市**有风险，投资需**谨慎**哪！

Zhào Hóng: Zhèngquàn shìchǎng nǎ yǒu chángshèng jiāngjūn, wǒ kàn háishì tóuzī fángdìchǎn gèng bǎoxiǎn. Wǒ yàoshì yǒu qián, jiù qù Měiguó mǎi dà fángzi lou!

赵　红：证券市场哪有**常胜将军**，我看还是投资房地产更**保险**。我要是有钱，就去美国买大房子喽！

Bǐ'ěr: Hāhā, zhēn méi xiǎngdào, Zhào Hóng hái hěn huì lǐcái ya!

比　尔：哈哈，真没想到，赵红还很会理财呀！

Text 1

Changes in the financial management awareness of the Chinese

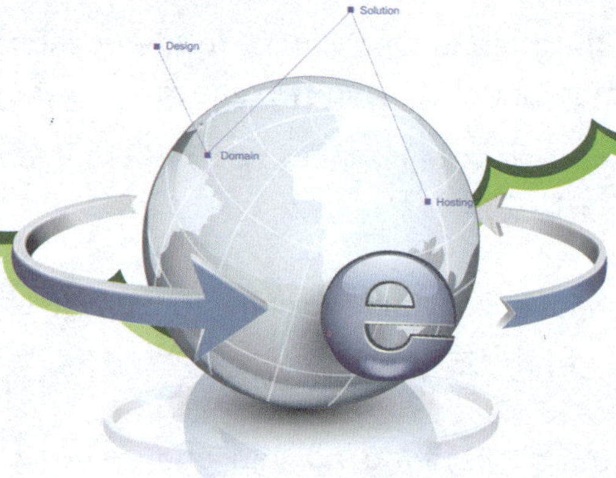

After a period of busy work, Bill, Maria, Qi Yuan and Zhao Hong have a get-together. One afternoon, in a teahouse, Qi Yuan looks at the screen of his mobile phone while talking with others absent-mindedly.

Bill: What are you looking at, Qi Yuan?

Zhao Hong: He is speculating in the stock market with his mobile! Has your stock price risen?

Qi Yuan: Don't mention it. Since my money was tied up on the high level in the bear market last year, I haven't been able to untie myself from the market yet.

Zhao Hong: GEM (Growth Enterprises Market) has recently started; have you subscribed?

Qi Yuan: No, I don't have enough money!

Bill: Look at this K diagram; the market index of the Shanghai Stock Exchange has broken through 3200 points.

Zhao Hong: Fund index, SSE and SZSE B shares have consecutively reached new highs. Now you may adjust the structural position. I think you should stop waiting for the rise. Reduce appropriately the stock you hold and change to another stock.

Qi Yuan: I'll see. If the market rises first and then falls tomorrow, I'll find and buy a potential stock at a lower price during the oscillation, gradually increasing positions and going long.

Zhao Hong: The economic data are showing signs of positive trends, and the number of enterprises performing well is increasing. You may stay updated with that.

Maria: So it seems that there have been great changes in the financial management awareness of the Chinese, and they now prefer to deal with inflation with investments.

Zhao Hong: But China's current CPI and PPI are both showing a downturn, and the economic recovery is still faced with much pressure.

Bill: In order to boost and rescue the market, governments of the world now adopt easy monetary policies. Once the economy touches the trough and bottoms out, deflation will turn into inflation. Inflation expectations do exist worldwide.

Qi Yuan: The interest rates of the banks can not keep up with the rising prices of goods, so I would rather invest in securities like stocks, funds, and futures than just deposit my money in the banks.

Bill: It is often said that caution is most needed to invest in the stocks market.

Zhao Hong: You can't always win in the securities market. I think it's more secure to invest in real estate. If I have enough money, I'll buy a big house in the US!

Bill: Ha! I never thought Zhao Hong could be an expert in financial management.

生词 New words

1	心不在焉	xīn bù zài yān	absent-minded
2	炒股	chǎogǔ	to trade stocks; to buy stocks
3	涨	zhǎng	to rise
4	熊市	xióngshì	bear market
5	高位	gāowèi	high position
6	套牢	tàoláo	to be tied up
7	解套	jiětào	to break even
8	上市	shàngshì	to be on the market; initial public offering
9	申购	shēngòu	to purchase
10	大盘	dàpán	the stock market
11	放量	fàngliàng	increasing volume
12	指数	zhǐshù	index (stock market index)
13	突破	tūpò	to break through
14	基金	jījīn	fund
15	相继	xiāngjì	consecutively
16	创	chuàng	to reach
17	新高	xīngāo	new high
18	持仓	chícāng	to hold on to the shares; to maintain a position
19	待	dài	to wait for
20	减持	jiǎnchí	to reduce
21	冲高	chōnggāo	to rise
22	回落	huíluò	to fall
23	震荡	zhèndàng	oscillation; shifts in price
24	潜力股	qiánlìgǔ	potential stock

25	低吸	dīxī	to buy low; to speculate
26	增仓	zēngcāng	to increase position; to buy more shares
27	做多	zuòduō	bull; do more; go long
28	向好	xiànghǎo	become better; to show signs of positive trends
29	业绩	yèjì	achievements
30	关注	guānzhù	to pay attention to
31	应付	yìngfù	to deal with
32	下跌	xiàdiē	to fall
33	态势	tàishì	situation; state; trend
34	强力	qiánglì	influential; powerful
35	救市	jiùshì	to rescue; to bail out
36	执行	zhíxíng	carry out; adopt
37	宽松	kuānsōng	loose; easy; relaxed
38	货币	huòbì	monetary
39	触	chù	to touch
40	预期	yùqī	expectation
41	利率	lìlǜ	interest rate
42	赶不上	gǎnbushàng	can't keep up with
43	期货	qīhuò	futures
44	证券	zhèngquàn	securities
45	股市	gǔshì	stock market
46	谨慎	jǐnshèn	prudent; cautious
47	常胜将军	cháng shèng jiāngjūn	ever-victorious general; Napoleon
48	保险	bǎoxiǎn	safe; secure

专有名词 Proper nouns

1. 创业板
   Chuàngyèbǎn
   Tender Board
2. K线图
   Kxiàntú
   K-chart
3. 沪市
   Hùshì
   Shanghai stock market
4. 上证
   Shàngzhèng
   Shanghai Stock Exchange
5. 深圳
   Shēnzhèn
   Shenzhen (the name of a Chinese city)
6. B股
   Bgǔ
   B Share

注释 Notes

1.CPI,PPI

CPI，是英文Consumer Price Index的缩写，是消费者物价指数，是反映与居民生活有关的商品及劳务价格统计出来的物价变动指标。通常作为观察通货膨胀水平的重要指标。

CPI, short for Consumer Price Index, measures the change in the cost of a fixed basket of products and services connected with the life of residents. It is usually an inflationary indicator.

PPI，是英文Producer Price Index的缩写，是生产者物价指数，衡量工业企业产品出厂价格变动趋势和变动程度的指数，是反映某一时期生产领域价格变动情况的重要经济指标，也是制定有关经济政策和国民经济核算的重要依据。

PPI, short for Producer Price Index, measures the average change in price of a basket of representative goods and services sold by manufacturers and producers in the wholesale market. It is an important indicator of the wholesale price levels in the economy, and therefore the important data on the basis of which economic policies may be formulated.

2.通货膨胀，通货紧缩

通货膨胀，通胀，一般指因纸币发行量超过商品流通中的实际需要的货币量而引起的纸币贬值、物价上涨现象。其实质是社会总需求大于社会总供给。通货膨胀在现代经济学中指整体物价水平上升。

Inflation refers to the devaluation of paper money or the rise in price levels caused by the fact that the supply of paper money exceeds its demand in the actual circulation, which means that the total demand in a society exceeds the total supply. It refers to the rise of general price levels in modern economics.

例如：商品流通中所需要的金银货币量不变，而纸币发行量超过了金银货币量的一倍，单位纸币就只能代表单位金银货币价值量的1/2，在这种情况下，如果用纸币来计量物价，物价就上涨了一倍，这就是通常所说的货币贬值。这时，流通中的纸币量比流通中所需要的金银货币量增加了一倍，这就是通货膨胀。在宏观经济学中，通货膨胀主要是指价格和工资的普遍上涨。

For example, if the volume of gold or silver needed in the circulation stays unchanged, the supply of paper money is twice more than that of gold or silver, then a unit of paper money represents only half the value of a unit of gold or silver. Under such circumstances, the price in terms of gold or silver will rice by 200%, which is generally referred to as inflation. In macroeconomics, inflation refers to the general rise in prices and salaries.

通货紧缩，通缩，和通货膨胀正相反，当市场上流通的货币减少，人们的货币所得减少，购买力下降，影响物价下跌，造成通货紧缩。长期的货币紧缩会抑制投资与生产，导致失业率升高及经济衰退。经济学者普遍认为，当消费者物价指数(CPI)连跌三个月，即表示已出现通货紧缩。

Deflation is just the opposite of inflation. When the money supply and the people's income decrease, consuming ability and the price levels will decrease accordingly, and this results in deflation. A long time deflation may restrain investment and production, causing a high unemployment rate and recession. The economists generally believe that it is the evidence of deflation if CPI falls for three months consecutively.

课文二

Shìjiè jīngjì de fùsū bìng bù wěndìng

世界经济的复苏并不稳定

Wǎnshang，jiǔbā，Qíyuǎn zài wǎngshàng kàn fángdìchǎn xīnwén，Bǐ'ěr、Mǎlì、Zhàohóng hé tā liáo le qǐlái.

晚上，酒吧，齐远在网上看房地产新闻，比尔、马莉、赵红和他聊了起来。

Bǐ'ěr：Yòu yíge xīn lóupán kāipán! Qí Yuǎn，dǎsuàn mǎi fángzi？

比　尔：又一个新**楼盘开盘**！齐远，打算买房子？

Qí Yuǎn：Ài，xiànzài de fángjià dōu chāochū le wǒ de gòumǎilì.

齐　远：唉，现在的**房价**都**超出**了我的购买力。

Zhào Hóng：《Běijīng lánpíshū》búshì shuō èr líng yī líng nián，Běijīng de fángjià huì zhēnzhèng xiàjiàng ma？Nǐ děng míngnián zài mǎi.

赵　红：《北京蓝皮书》不是说2010年，北京的房价会真正下降吗？你等明年再买。

Qí Yuǎn：Zhè kě bù hǎoshuō! Guójiā Tǒngjìjú gāng gōngbù, èr líng líng jiǔ nián jiǔ yuèfèn, Zhōngguó qī shí gè dà zhōng chéngshì de fángjià huánbǐ shàngzhǎng bǎi fēn zhī líng diǎn qī，liánxù dì qī gè yuè bǎochí zhǎngshì!

齐　远：这可不好说！**国家统计局**刚公布，2009年9月份，中国70个大中城市的房价环比上涨0.7%，连续第7个月保持**涨势**！

Bǐ'ěr：Wǒ kàn jīnnián zuìhòu yī jìdù de èrshǒu lóushì háishì huì hěn huǒ!

比　尔：我看今年最后一季度的**二手楼市**还是会很**火**！

Qí Yuǎn：Shì a! Yíngyèshuì jiǎnmiǎn de lìhǎo zhèngcè, zhíxíng rìqī zàndìng dào jīnnián de shí'èr yuè sān shí yī rì.

齐　远：是啊！**营业税**减免的**利好**政策，执行日期**暂定**到今年的12月31日。

Zhào Hóng："Dàojìshí" xiàoyìng. Zhège yōuhuì zhèngcè bù zhī huìbuhuì chíxù？

赵　红：**"倒计时"效应**。这个优惠政策不知会不会持续？

Qí Yuǎn：Wǒ juéde rúguǒ míngnián chūkǒu xíngshì háishì kùnnán, xūyào fángdìchǎn lādòng nèixū, yōuhuì zhèngcè jiù huì chíxù ba.

齐　远：我觉得如果明年出口形势还是**困难**，需要房地产拉动内需，优惠政策就会持续吧。

Mǎ Lì：Yǒu kěnéng，jīnnián G èr shí fēnghuì búshì fābiǎo shēngmíng shuō "Gè guó jiāng jìxù shíshī jīngjì cìjī jìhuà " ma？

马　莉：有可能，今年G20峰会不是**发表声明**说"各国将继续实施经济**刺激**计划"吗？

Qí Yuǎn：Shì a，shìjiè gè guó zhèngfǔ jíshí chūshǒu gānyù hòu，yǎnxià，shìjiè gè zhǔyào jīngjìtǐ de jīngjì jīhū dōu yǐ zhǐdiē huíshēng. Zài jīnróng fēngbào fāyuándì Měiguó，dàxíng jīnróng gōngsī de cáiwù zhuàngkuàng yǐ míngxiǎn gǎishàn，shènzhì niǔ kuī wéi yíng.

齐　远：是啊，世界各国政府**及时**出手**干预**后，眼下，世界各主要**经济体**的经济几乎都已**止跌**回升。在金融**风暴发源地**美国，**大型**金融公司的**财务状况**已**明显改善**，**甚至扭亏为盈**。

Bǐ'ěr：Kěshì，shíshī dà guīmó cáizhèng cìjī shì yǒu dàijià de. Dàliàng de dàikuǎn fāfàng chūlái，dī lìlǜ huòbì zhèngcè jiāng zhùtuī zīchǎn jiàgé de shàngshēng，yìxiē tóujī zījīn yě chènjī chǎozuò，chǎnshēng zīchǎn pàomò、tōnghuò péngzhàng.

比　尔：可是，实施大规模**财政**刺激是有**代价**的。大量的**贷款发放**出来，低利率货币政策将**助推资产**价格的上升，一些投机资金也趁机炒作，产生资产**泡沫**、通货膨胀。

Zhào Hóng: Duì! Hái xūyào jǐngtì cáizhèng chìzì, chìzì shīkòng jiāng huì yǐnfā zhàiwù wēijī.

赵　红：对！还需要**警惕**财政**赤字**，赤字**失控**将会**引发债务**危机。

Qí Yuǎn：Suǒyǐ，tōngzhàng yùqī de chūxiàn，ràng yìxiē jīngjìtǐ duì huòbì zhèngcè jìnxíng le tiáozhěng.

齐　远：所以，通胀预期的出现，让一些经济体对货币政策进行了调整。

Mǎ Lì：Shì a，Yìndù yānghháng tiáogāo le Fǎdìng liúdòng lǜ，yāoqiú yínháng jiāng gèngduō xiànjīn tóuzī zài zhèngfǔ zhàiquàn，xiànzhì xìndài zēngzhǎng. Nuówēi yānghháng xuānbù jiāxī.

马　莉：是啊，**印度**央行**调高了法定流动率**，要求银行将更多现金投资在政府**债券**，限制**信贷**增长。**挪威**央行宣布**加息**。

Zhào Hóng: Dànshì，xǔduō guójiā de shīyèlǜ hái zài shàngshēng ，zhōng xiǎo qǐyè róngzī hái hěn nán，bù gǎn qīngyì zēngjiā gùyuán. Gèrén xiāofèi kāizhī míngxiǎn shòudào yìzhì.

赵　红：但是，许多国家的**失业率**还在上升，中小企业**融资**还很难，不敢**轻易**增加**雇员**。个人消费**开支**明显受到**抑制**。

Bǐ'ěr：Wǒmen Měiguó shí yuèfèn xiāofèizhě xìnxīn zhǐshù cóng jiǔ yuèfèn de qī shí sān diǎn wǔ diē zhì qī shí diǎn liù. Suíhòu，Dàoqióngsī gōngyè píngjūn zhǐshù gèng chuàngchū zì jīnnián qī yuèfèn yǐlái de zuìdà dān rì diēfú. Nàsīdákè zōnghé gǔjià zhǐshù zhòngcuò bǎi fēn zhī wǔ diǎn yī.

比　尔：我们美国10月份**消费者信心指数**从9月份的73.5跌至70.6。随后，**道琼斯工业平均指数**更创出自今年7月份以来的最大**单日跌幅**。**纳斯达克综合股价指数重挫**5.1%。

Qí Yuǎn：Zhèyàng láikàn，shìjiè jīngjì de fùsū bìng bù wěndìng，quánqiú shíshī "tuìchūzhànlüè" háiyǒu xiē zǎo.

齐　远：这样来看，世界经济的复苏并不稳定，全球实施"**退出**战略"还有些早。

Mǎ Lì：Zhè jiù juédìng le xīfāng gè zhǔyào jīngjìtǐ zài huòbì zhèngcè qǔxiàng shang bú huì wánquán yǐ tōngzhànglǜ zuòwéi tiáozhěng de cānzhàowù，ér bìxū zōnghé kǎolǜ qítā jīngjì zhǐbiāo.

马　莉：这就决定了西方各主要经济体在货币政策**取向**上不会完全以**通胀率**作为调整的**参照物**，而必须综合考虑其他经济**指标**。

Bǐ'ěr：Xiànzài，gè jīnróng jīgòu hé jiānguǎn bùmén dōu hěn jǐngtì le! Dànshì jīběnmiàn háishì yǒu wèntí，quánqiú shāngyè fángdài réng yǒu fēngxiǎn a!

比　尔：现在，各金融机构和**监管**部门都很警惕了！但是**基本面**还是有问题，全球商业**房贷仍**有风险啊！

Qí Yuǎn：Wǒ háishì lǐxìng xiāofèi bā，bù dāng fángnú，xiān zū fáng zhù!

齐　远：我还是**理性**消费吧，不当**房奴**，先租房住！

Text 2

The recovery of the world economy has not stabilized

An evening at a pub, Qi Yuan is reading real estate news on the Internet while talking with Bill, Maria and Zhao Hong.

Bill: Another housing project is open for sale! Are you planning to buy a house, Qi Yuan?

Qi Yuan: Oh, the current housing prices are way beyond my price range.

Zhao Hong: Didn't the Beijing Blue Book say that the housing prices in Beijing are expected to fall in 2010? You might wait until next year.

Qi Yuan: It depends. According to the recent release of the National Bureau of Statistics, in September 2009, the housing prices 5 in 70 big and medium-sized Chinese cities have increased by 0.7% over the previous month, and it has been on the rise for the last 7 consecutive months.

Bill: I think the second-hand property market of the last quarter will still be booming.

Qi Yuan: That's right. The favorable policy of business tax reduction and exemption will be suspended on December 31 of this year.

Zhao Hong: The "countdown" effect. Will the policy continue next year?

Qi Yuan: If China's export still encounters difficulties next year and if we need the real estate industry to boost domestic demand, I think the favorable policy will continue.

Maria: That's possible. An important message from the G20 Summit this year was that "the governments will continue their economic stimulus plans."

Qi Yuan: Correct. After the timely interference of the governments, the major economies of the world have almost all touched the trough and started to bottom out. In the US where the financial crisis started, the financial situation of large financing companies has visibly improved and they have even begun to make profits.

Bill: But the large scale fiscal stimulus has a price. A large volume of loans issued by the banks coupled by the low interest rate policy will boost the rise in asset prices.

Zhao Hong: Indeed! We should also watch out for fiscal deficit, because an uncontrolled deficit would incur a debt crisis.

Qi Yuan: So the inflation expectations have made some economies adjust their monetary policies.

Maria: Yes, the central bank of India has increased its Statutory Liquidity Ratio, requiring banks to put more cash into government bonds so as to limit the credit and loan growth. The Norwegian central bank has announced an increase in its interest rates.

Zhao Hong: But the unemployment rate in many countries is still on the rise; SMEs have difficulties in financing and are wary of any increase in employees. Personal consumption has obviously been restrained.

Bill: The Consumer Confidence Index in the US has fallen from 73.5 in September to 70.6 in October. Afterwards the Dow Jones Industrial Average has hit its largest single-day point drop since July this year. Nasdaq Composite Index has fallen sharply by 5.1%.

Qi Yuan: So it seems that the recovery of the world economy has not yet stabilized, and a global "exit strategy" is still too early.

Maria: Therefore the monetary policy orientation of the world's major economies will not be adjusted solely on the basis of inflation rate, but according to a comprehensive group of other economic indices.

Bill: Now the financial institutions and supervision authorities are all very vigilant. But there are still problems with the economic fundamentals, so there are still risks with housing loans around the world.

Qi Yuan: I'd better go back to sensible consumption. I don't want to become get enslaved to the mortgage; so, I'll probably rent an apartment first.

生词 New words

1	楼盘	lóupán	building
2	开盘	kāipán	to open
3	房价	fángjià	housing price
4	超出	chāochū	beyond
5	涨势	zhǎngshì	expansionary path
6	二手	èrshǒu	second hand
7	楼市	lóushì	estate market
8	火	huǒ	to boom
9	营业税	yíngyèshuì	sales tax
10	利好	lìhǎo	benefit
11	暂定	zàndìng	arranged for the time thing; settle sth temporarily
12	倒计时	dàojìshí	countdown
13	效应	xiàoyìng	effect
14	困难	kùnnán	difficulty
15	发表	fābiǎo	to issue，to publish
16	声明	shēngmíng	statement
17	刺激	cìjī	to irritate; to provoke; stimulus
18	及时	jíshí	in time
19	干预	gānyù	to interfere
20	经济体	jīngjìtǐ	economy
21	止跌	zhǐdiē	to stop dropping
22	风暴	fēngbào	storm

23	发源地	fāyuándì	cradle
24	大型	dàxíng	large scale
25	财务	cáiwù	finance
26	状况	zhuàngkuàng	situation
27	明显	míngxiǎn	visibly
28	甚至	shènzhì	even
29	扭亏为盈	niǔ kuī wéi yíng	to turn losses into gains
30	财政	cáizhèng	fiscal
31	代价	dàijià	cost
32	贷款	dàikuǎn	loan
33	发放	fāfàng	to issue
34	助推	zhùtuī	to boost
35	资产	zīchǎn	asset, property
36	泡沫	pàomò	foam
37	警惕	jǐngtì	be on guard against
38	赤字	chìzì	deficit
39	失控	shīkòng	out of control
40	引发	yǐnfā	to incur; to cause
41	债务	zhàiwù	debt
42	调高	tiáogāo	to heighten; increase
43	法定流动率	fǎdìng liúdòng lǜ	statutory liquidity ratio
44	债券	zhàiquàn	bond
45	信贷	xìndài	credit and loan
46	加息	jiāxī	to raise interest rate
47	失业率	shīyèlǜ	unemployment rate
48	融资	róngzī	to finance

49	轻易	qīngyì	easily
50	雇员	gùyuán	employee
51	开支	kāizhī	expense
52	抑制	yìzhì	to restrain
53	跌	diē	to fall
54	单	dān	single
55	跌幅	diēfú	range of a price drop
56	重挫	zhòngcuò	to fall sharply
57	退出	tuìchū	to withdraw
58	取向	qǔxiàng	orientation
59	通胀率	tōngzhànglǜ	infation rate
60	参照物	cānzhàowù	reference substance
61	指标	zhǐbiāo	target
62	监管	jiānguǎn	supervision
63	基本面	jīběnmiàn	fundamentals
64	房贷	fángdài	housing loan
65	仍	réng	still
66	理性	lǐxìng	rational
67	房奴	fángnú	house slave

专有名词 Proper nouns

1. 国家统计局
   Guójiā tǒngjìjú
   State Statistics Bureau
2. 印度
   Yìndù
   India
3. 挪威
   Nuówēi
   Norway
4. 消费者信心指数
   Xiāofèizhě xìnxīn zhǐshù
   Consumer Confidence Index
5. 道琼斯工业平均指数
   Dàoqióngsī gōngyè píngjūn zhǐshù
   Dow-Jones Industrial Average Index
6. 纳斯达克综合股价指数
   Nàsīdáke zōnghé gǔjià zhǐshù
   Nasdaq Composite Index

注释 Notes

1.《北京蓝皮书》

The Beijing Blue Book

《北京蓝皮书》系列是北京市社会科学院 2009 年 3 月 31 日发布的，包括四个发展报告:《北京社会发展报告（2008-2009)》、《北京公共服务发展报告（2008-2009)》、《北京文化发展报告（2008-2009)》、《北京城乡发展报告 (2008 － 2009)》。

"The Beijing Blue Book" series were released by Beijing Academy of Social Sciences on March 31, 2009, including four development reports: "The Beijing Report on Social Development (2008-2009)", "The Beijing Report on Public Service

Development(2008-2009)", "The Beijing Report on Cultural Development (2008-2009)", and "The Beijing Report on Urban and Rural Development (2008-2009)".

这些报告围绕北京市年度经济社会发展的目标，突出对北京市经济社会发展带全局性、战略性、倾向性的重点、热点、难点问题进行分析和预测的综合研究成果。

Centering on the annual objectives of Beijing's social and economic development, these reports highlight the analyses and predictions of Beijing's social and economic development with emphasis put on those comprehensive and strategic issues and problems.

比较起来，白皮书，是由官方制定发布的规范报告。 蓝皮书，是由第三方完成的综合研究报告。绿皮书，是关于乐观前景的研究报告。红皮书，是关于危机警示的研究报告。

Comparatively, white paper is an official report released by the government; blue paper is usually a comprehensive research report completed by a third party; green paper is a research report on the future prospects; and red paper is a research report about crises and warnings.

2. 这可不好说！

It depends!

"不好说"，是口语中常用的短语，表示对所说的事情不能确定或是没有把握。

" 不好说 " is a common sentence pattern in spoken Chinese, meaning "uncertain" .

这里的"可"是副词，表示强调语气，多用于口语中。这里的"好"是形容词，只能用在动词前面，是"容易"的意思。"不好说"相当于"难说，不一定"。例如：

" 可 " is an adverb here, indicating a stressing tone. " 好 " is an adjective, only used before a verb, meaning "easy". " 不好说 " is similar to " 难说，不一定 ". For example:

（1）A：这个假期你打算回家吗？

Are you planning to go back home this vacation?

B：这可不好说，我还想去西部地区转一转呢！

It depends. I still want to travel to the western area.

（2）A：你觉得这个楼盘短期内有升值空间吗？

Do you think this building unit will rise in price in the near future?

B：不好说，现在楼市下滑，什么时候复苏很难预测！

It depends. Now the real estate market is going downhill, and it's hard to predict when it begins to recover.

3．G20 峰会

G20 Summit

G20，20 国集团（Group 20），是一个国际经济合作论坛，创始会议，1999 年 12 月 16 日在德国柏林正式举行。

G20 is a forum for international economic cooperation, originated at the G20 conference in Berlin, Germany on December 16, 1999.

20 国集团的成员包括八国集团（美国、加拿大、英国、法国、德国 、意大利、俄罗斯和日本）、欧盟、澳大利亚、南非、中国、印度、阿根廷、巴西、印度尼西亚、墨西哥、沙特阿拉伯、韩国以及土耳其。这些国家的国民生产总值约占全世界的 90%，人口则将近世界总人口的 2/3。

The member states of G20 include G8 (the US, Canada, UK, France, Germany, Italy, Russia and Japan), EU, Australia, South Africa, China, India, Argentina, Brazil, Indonesia, Mexico, Saudi Arabia, Korea, and Turkey. The GNP of these countries accounts for 90% of the world's total, and their population accounts for nearly 2/3 of the world population.

峰会，是涉及多国或多边国际性问题的、由各国最高领导人参加的、预计会达成某些共识或某些共同纲领性文件的国际会议。

A Summit is an international conference on multilateral issues, where the top leaders participate and may reach some consensus or issue some statements.

G20 峰会是全球主要发达国家和发展中国家就全球金融经济合作举行的最高领导论坛，协力建立全球金融标准、透明财政政策、反投机反洗钱、融资等经济标准，提供共商全球金融经济的世界级平台，促进全球金融经济稳定持续增长。

G20 Summit is a forum on global financial and economic cooperation where the top leaders of the major developed and developing countries meet to coordinate in formulating standards concerning transparent fiscal policies, fighting againit speculating and money laundering, and financing. It provides a world-class platform for the discussions of global economy and finance, thus promoting the steady and continuous growth of the world finance and economy.

练习
Exercises

一、跟读生词并且纠音。
Read the new words after the t eacher and correct your pronunciation.

二、跟读课文并且纠音。
Read the texts after the teacher and correct your pronunciation.

三、学生分组，分角色朗读课文一、二。
Divide the students into groups and read the texts 1 & 2 in different roles.

四、学生分组，不看书分角色表演课文一、二。
Divide the students into groups and role play the texts 1 & 2 without referring to the book.

五、角色扮演。
Role play.

1. 两人一组，A 扮演持有股票的一方；B 扮演没有买股票，也不主张投资股市的一方。请参考课文一进行对话，角色可以互换。

谈话的主要内容：

谈论现在的股票行情，分析一下现在股市的情况，说明买卖股票的理由，说明自己的投资观点。

请选用课文中学过的词语完成对话：

炒股　涨　熊市　套牢　创业板　上市　申购　资金　K 线图　大盘
沪市指数　基金指数　上证　深圳 B 股　新高　调整　持仓　结构
适当　减持　震荡　潜力股　低吸　逐步　增仓　做多　经济数据
逐步　向好　业绩　关注　理财　期货　证券市场　股市　风险
投资　谨慎

2. 两人一组，A 和 B 分别扮演观点相反的双方，一方肯定，一方否定，参考课文二，谈论世界经济复苏是不是稳定，全球是不是可以实施“退出战略”。两人要分别说明自己的观点并说出为什么。

请使用下面的词语完成对话：

财政　利率　贷款　加息　投资　失业率　融资　抑制　消费者　下跌　限制　危机　赤字

六、替换练习。
Substitution drills.

1. 自从 + 高位套牢 + 之后，+ 到现在 + 我都还没解套呢！

去年九月来中国	我都还没习惯呢
上次辞职	他还没找到工作
两家公司合并	销售量一直没有提高

2. 基金指数、上证和深圳 B 股 + 相继 + 创出新高。

大众、宝马、奥迪的多款新车	上市
中国、美国、欧元区的经济	回暖
高盛、瑞银、瑞信等国际投行	发布了 2010 年的投资策略

3. 中国人都愿意 + 用 + 投资的方式 + 来 + 应付通胀了。

世界各国政府	放宽货币政策	应对金融危机
有的公司	公开招标	寻找合作伙伴
各国首脑	签署联合声明	积极承诺节能减排

4. 银行利率 + 赶不上 + 物价上涨。

人们的工资增长速度	房价上涨速度
目前农村人均消费支出的比例	城镇居民
该国的粮食产量	人民的消费需求

5. 如果 + 明年需要房地产拉动内需，优惠政策 + 就 + 会持续吧。

你感染了 H1N1	马上去医院
不能够把握当前的机遇，企业的发展速度	会受到影响
房贷利率上调，房地产市场	会出现震荡

6. <u>金融公司的财务状况</u> + 已经 + <u>明显改善</u>，+ 甚至 + <u>扭亏为盈</u>。

中国经济	开始复苏	出现快速增长态势
今天上证指数	大幅上涨	突破了 3500 点
资产泡沫	出现	带来了通货膨胀

七、把下面每组词语组成句子。
Make a sentence with the following words in each group.

课文一：

1. 在　炒股　用　他　手机　正

2. 吗　最近　你　上市　申购　挂牌　了　创业板

3. 了　别　待　你　也　股　涨　持

4. 指数　突破　点　了　3200　已经　沪市

5. 明天　在　如果　做多　市场　逐步　冲高　可以　回落　增仓

6. 在　的　企业　向好　业绩　增加

7. 变化　中国人　大　现在　的　意识　很　理财

8. 的　内　范围　存在　世界　的　预期　还是　通货膨胀

9. 把　还　股票　我　钱　存　不如　投资　觉得　银行

10. 谨慎　股市　投资　风险　需　有

课文二：

1. 房价　现在　的　购买力　的　都　了　我　超出

2. 还是　季度　我　会　一　楼市　今年　最后　的　二手　火　看　很

3. 个　政策　不　这　会　知　优惠　持续　会　不

4. 将　刺激　实施　各国　经济　计划　继续

5. 经济体　眼下　已　回升　几乎　世界　主要　都　止跌　经济　各　的

6. 利率　低　政策　货币　将　价格　的　上升　助推　资产

7. 失控　引发　财政　债务　将　赤字　会　危机

8. 雇员　难　中小企业　增加　很　敢　融资　还　轻易　不

9. 复苏　世界　稳定　的　并　不　经济

10. 房贷　风险　有　仍　商业　全球　啊

八、根据课文的对话填空。

Fill in the blanks according to the dialogues in the text.

（一）

比　尔：为了 ____________，目前各国都在 ____________ 宽松的货币政策，一旦触底回暖，____________ 就会转为 ____________，世界范围内的通货膨胀预期还是存在的。

齐　远：银行利率 ____________ 物价的上涨，所以我觉得把钱存银行还 ____________ 投资股票、基金、期货这样的证券市场。

比　尔：大家常说，__________有风险，投资需__________哪！

（二）

齐　远：我觉得如果明年出口__________还是困难，需要房地产__________内需，优惠政策就会__________吧。

马　莉：有可能，今年 G20 峰会不是__________声明说“各国将继续实施经济__________计划”吗？

齐　远：是啊，世界各国政府__________出手干预后，眼下，世界各主要经济体的经济几乎都已止跌回升。在金融风暴__________美国，大型金融公司的财务状况已明显__________，甚至__________。

九、阅读理解。
Reading comprehension.

眼下，世界各国正实施积极的财政政策以刺激经济的发展，各主要经济体的经济大多呈现出止跌回升的态势。但另一方面大规模的财政刺激也产生了资产泡沫，经济的复苏并不稳定，必须要警惕通货膨胀的出现。当然，由于受到失业率、消费者信心指数等方面的影响，西方各主要经济体在货币政策的取向上并未完全参照通胀率，还会综合考虑到其他经济指标，因此货币政策的调整会相对谨慎。

根据上面这段话的内容，回答下列问题。

1. 现在世界经济发展状况怎样？
2. 通货膨胀已经出现了吗？
3. 各国在货币政策的选择上为什么会谨慎？

十、复述课文。
Retell the texts.

十一、完成任务。
Complete the tasks.

1. 查找资料并报告：可以独立完成也可以几人一组共同完成。

（1）金融危机以后，你们国家的股市、房市的情况怎么样？请你选择其中的一种，查找资料，了解情况，到课堂上来向你的同学和老师报告。

（2）查找资料，了解你的国家在 2008 年的金融危机后都出现了哪些经济问题，政府实施了哪些经济政策，到课堂上来向你的同学和老师报告。

2. 小组讨论：

根据上面你们了解到的情况，几个人一组进行讨论，大家一起分析一个国家的股市或是房市出现的情况及其原因，给出解决之道。每个人都要说出自己的看法。论讨完成后，每组选出一位代表在课堂上介绍你们讨论的情况。

生词总表 Vocabulary

A

案例	ànlì	2
安全	ānquán	1
哎呀	āiyā	2
安装	ānzhuāng	4

B

把关	bǎguān	4
百分点	bǎifēndiǎn	5
榜样	bǎngyàng	2
保持	bǎochí	5
保护	bǎohù	4
保险	bǎoxiǎn	6
本土化	běntǔhuà	2
贬值	biǎnzhí	5
濒临	bīnlín	5
病毒	bìngdú	4
并购	bìnggòu	1
拨打	bōdǎ	4
不期而遇	bù qī ér yù	5
不正当竞争	bú zhèngdàng jìngzhēng	4
布局	bùjú	5
步伐	bùfá	4
部委	bùwěi	5

C

财务	cáiwù	6
财政	cáizhèng	6
裁决	cáijué	4
采购	cǎigòu	5
参展	cānzhǎn	5
参照物	cānzhàowù	6
产权	chǎnquán	4
产业	chǎnyè	1
长远	chángyuǎn	2
常胜将军	cháng shèng jiāngjūn	6
超出	chāochū	6
潮流	cháoliú	2
炒股	chǎogǔ	6
撤回	chèhuí	4
趁	chèn	3
成本	chéngběn	2
成交	chéngjiāo	5
成交额	chéngjiāo'é	5
成熟	chéngshú	1

程序	chéngxù	3
吃亏	chīkuī	3
持仓	chícāng	6
持续	chíxù	4
赤字	chìzì	6
冲高	chōnggāo	6
冲击	chōngjī	5
筹划	chóuhuà	3
臭豆腐	Chòudòufu	4
出差	chūchāi	5
出手	chūshǒu	1
出台	chūtái	5
初步	chūbù	2
触	chù	6
创	chuàng	6
刺激	cìjī	6
从事	cóngshì	5

D

打击	dǎjī	4
打造	dǎzào	2
大盘	dàpán	6
大型	dàxíng	6
代价	dàijià	6
待	dài	6
贷款	dàikuǎn	6
单	dān	6
盗版	dàobǎn	4
捣毁	dǎohuǐ	4
倒计时	dàojìshí	6
登陆	dēnglù	2
地道	dìdao	2
提防	dīfang	3
低吸	dīxī	6
地域	dìyù	1
电信业	diànxìnyè	1
跌	diē	6
跌幅	diēfú	6
董事会	dǒngshìhuì	2
独资	dúzī	1
端掉	duāndiào	4
对接	duìjiē	5

E

二手	èrshǒu	6

F

发表	fābiǎo	6
发布	fābù	5
发电	fādiàn	5
法定流动率	fǎdìng liúdòng lǜ	6
发放	fāfàng	6
发源地	fāyuándì	6
法律	fǎlǜ	3
法制	fǎzhì	3
翻译	fānyì	5
反倒	fǎndào	4
范围	fànwéi	1
房贷	fángdài	6
房地产业	fángdìchǎnyè	1
房价	fángjià	6
放量	fàngliàng	6
房奴	fángnú	6
份额	fèn'é	2
丰富	fēngfù	1

风暴	fēngbào	6
风力	fēnglì	5
风险	fēngxiǎn	1
服务业	fúwùyè	1
复苏	fùsū	5

G

改善	gǎishàn	1
干预	gānyù	6
赶不上	gǎnbushàng	6
高等法院	gāoděng fǎyuàn	4
高位	gāowèi	6
高新技术	gāoxīn jìshù	1
公布	gōngbù	5
供货	gònghuò	5
供应商	gōngyìngshāng	5
共赢	gòngyíng	3
购买力	gòumǎilì	5
股	gǔ	2
股市	gǔshì	6
鼓励	gǔlì	1
雇用	gùyòng	5
雇员	gùyuán	6
挂牌	guàpái	4
官方	guānfāng	4
关键	guānjiàn	2
官司	guānsi	4
关注	guānzhù	6
广阔	guǎngkuò	5
规划	guīhuà	5
规模	guīmó	2
规则	guīzé	3
国际视野	guójì shìyě	4

H

海外	hǎiwài	2
耗	hào	3
耗能	hàonéng	1
合理	hélǐ	5
核心	héxīn	2
合资	hézī	1
宏观经济	hóngguān jīngjì	5
环保	huánbǎo	1
环节	huánjié	2
恢复	huīfù	5
回购	huígòu	3
回落	huíluò	6
回暖	huínuǎn	5
回升	huíshēng	5
火	huǒ	6
货币	huòbì	6

J

基本面	jīběnmiàn	6
基础	jīchǔ	1
基地	jīdì	2
季度	jìdù	5
机构	jīgòu	1
基金	jījīn	6
及时	jíshí	6
纪要	jìyào	2
机遇	jīyù	2
集中	jízhōng	1
加强	jiāqiáng	4
加息	jiāxī	6
假冒	jiǎmào	4
监管	jiānguǎn	6

减持	jiǎnchí	6
减免	jiǎnmiǎn	5
减排	jiǎnpái	5
将	jiāng	1
交易所	jiāoyìsuǒ	4
教训	jiàoxun	3
阶段	jiēduàn	3
接轨	jiēguǐ	2
接洽	jiēqià	2
节能	jiénéng	5
解决	jiějué	4
解套	jiětào	6
届	jiè	5
借机	jièjī	3
金融危机	jīnróng wēijī	2
谨慎	jǐnshèn	6
禁止	jìnzhǐ	1
经典	jīngdiǎn	2
经济体	jīngjìtǐ	6
精英	jīngyīng	2
经营	jīngyíng	2
警惕	jǐngtì	6
救市	jiùshì	6
举报	jǔbào	4
巨额	jù'é	3
巨头	jùtóu	1
据说	jùshuō	5
决策	juécè	2
决心	juéxīn	4
决议	juéyì	2

K

开	kāi	2
开发	kāifā	5
开放	kāifàng	1
开盘	kāipán	6
开通	kāitōng	4
开头	kāitóu	2
开拓	kāituò	2
开支	kāizhī	6
可观	kěguān	3
科技	kējì	1
客商	kèshāng	5
科研	kēyán	1
控股	kònggǔ	1
控制	kòngzhì	1
跨国公司	kuàguó gōngsī	1
宽松	kuānsōng	6
困难	kùnnán	6
扩展	kuòzhǎn	4
扩张	kuòzhāng	4

L

拉动	lādòng	2
老	lǎo	4
劳动力	láodònglì	1
老字号	lǎo zìhao	4
理性	lǐxìng	6
利好	lìhǎo	6
利率	lìlǜ	6
利用	lìyòng	5
例外	lìwài	1
连续	liánxù	5
联合	liánhé	5
零售业	língshòuyè	1
领域	lǐngyù	1
楼盘	lóupán	6
楼市	lóushì	6

落伍	luòwǔ	2

M

瞒	mán	2
毛病	máobìng	4
冒(险)	mào (xiǎn)	2
密集	mìjí	1
民营	mínyíng	5
明显	míngxiǎn	6
模式	móshì	2
目标	mùbiāo	1

N

内需	nèixū	2
能源	néngyuán	1
年率	niánlǜ	5
扭亏为盈	niǔ kuī wéi yíng	6

P

盘	pán	4
判决	pànjué	4
泡沫	pàomò	6
品牌	pǐnpái	2
破产	pòchǎn	5
泼冷水	pō lěngshuǐ	2

Q

期货	qīhuò	6
企稳	qǐwěn	5
契机	qìjī	5
洽谈	qiàtán	5
前景	qiánjǐng	5
前期	qiánqī	3
潜力	qiánlì	1
潜力股	qiánlìgǔ	6
强劲	qiángjìng	5
强力	qiánglì	6
抢注	qiǎngzhù	3
巧	qiǎo	5
侵权	qīnquán	4
轻易	qīngyì	6
渠道	qúdào	2
取向	qǔxiàng	6
区域	qūyù	1
全方位	quánfāngwèi	2
全球	quánqiú	5
全球化	quánqiúhuà	4
缺少	quēshǎo	3

R

热点	rèdiǎn	1
热情	rèqíng	5
仍	réng	6
融资	róngzī	6
入股	rùgǔ	5
入乡随俗	rùxiāngsuísú	2
软件	ruǎnjiàn	2

S

三位一体	sān wèi yì tǐ	2
上市	shàngshì	6
设立	shèlì	2
申购	shēngòu	6
神态	shéntài	2

甚至	shènzhì	6
慎重	shènzhòng	2
升级	shēngjí	5
生产线	shēngchǎnxiàn	4
生存之道	shēngcún zhī dào	5
声明	shēngmíng	6
胜诉	shèngsù	4
失控	shīkòng	6
实力	shílì	2
实际	shíjì	3
实施	shíshī	2
失业率	shīyèlǜ	6
始终	shǐzhōng	2
市场准入	shìchǎng zhǔnrù	1
势头	shìtóu	5
事先	shìxiān	5
适应	shìyìng	2
收购	shōugòu	5
首次	shǒucì	5
树立	shùlì	2
衰退	shuāituì	5
水土不服	shuǐtǔbùfú	2
税收	shuìshōu	1
顺便	shùnbiàn	5
私了	sīliǎo	3
死机	sǐjī	4
搜集	sōují	4
诉讼	sùsòng	3
索要	suǒyào	3

T

调高	tiáogāo	6
调理	tiáolǐ	2
挑战	tiǎozhàn	2
调整	tiáozhěng	5
态势	tàishì	6
套牢	tàoláo	6
特色菜	tèsècài	2
提成	tíchéng	3
提高	tígāo	5
提醒	tíxǐng	2
挺	tǐng	5
通胀率	tōngzhànglǜ	6
统一	tǒngyī	4
投诉	tóusù	4
投资	tóuzī	1
突破	tūpò	6
图	tú 4	
推荐	tuījiàn	2
退出	tuìchū	6

W

外商	wàishāng	1
弯路	wānlù	2
网点	wǎngdiǎn	2
亡羊补牢	wáng yáng bǔ láo	3
维权	wéiquán	3
委托	wěituó	2
文艺	wényì	4
稳健	wěnjiàn	5
窝点	wōdiǎn	4
污染	wūrǎn	1
务实	wùshí	2

X

系统	xìtǒng	4

下跌	xiàdiē	6
下滑	xiàhuá	5
先进	xiānjìn	5
限制	xiànzhì	1
相继	xiāngjì	6
向好	xiànghǎo	6
项目	xiàngmù	1
享受	xiǎngshòu	1
消费	xiáofèi	2
效力	xiàolì	4
效率	xiàolǜ	5
效应	xiàoyìng	6
心不在焉	xīn bù zài yān	6
信贷	xìndài	6
新高	xīngāo	6
心理	xīnlǐ	2
信心	xìnxīn	5
新兴	xīnxīng	5
形势	xíngshì	5
形象	xíngxiàng	2
雄厚	xiónghòu	2
熊市	xióngshì	6
修订	xiūdìng	1
许可费	xǔkěfèi	3
宣布	xuānbù	1
宣传	xuānchuán	4

Y

压力	yālì	5
研发中心	yánfā zhōngxīn	2
严格	yángé	1
眼光	yǎnguāng	2
眼下	yǎnxià	2
药方	yàofāng	2
业绩	yèjì	6
医疗	yīliáo	1
抑制	yìzhì	6
意识	yìshí	3
引发	yǐnfā	6
引进	yǐnjìn	5
印象	yìnxiàng	2
应付	yìngfù	6
硬件	yìngjiàn	2
盈利	yínglì	2
应诉	yìngsù	3
营业税	yíngyèshuì	6
影响	yǐngxiǎng	5
硬件	yìngjiàn	2
优化	yōuhuà	5
优势	yōushì	1
尤其	yóuqí	3
预测	yùcè	5
预期	yùqī	6
预约	yùyuē	5
遇到	yùdào	4
原材料	yuáncáiliào	2

Z

暂定	zàndìng	6
则	zé	1
增仓	zēngcāng	6
增长点	zēngzhǎng diǎn	5
增速	zēngsù	5
债券	zhàiquàn	6
债务	zhàiwù	6
展场	zhǎnchǎng	5
涨	zhǎng	6
展馆	zhǎnguǎn	5

展位	zhǎnwèi	5
占	zhàn	2
占领	zhànlǐng	2
战略	zhànlüè	1
战略性	zhànlüèxìng	5
涨	zhǎng	6
涨势	zhǎngshì	6
障碍	zhàng'ài	3
照样	zhàoyàng	4
折年率	zhéniánlǜ	5
真才实学	zhēn cái shí xué	2
针对性	zhēnduìxìng	5
震荡	zhèndàng	6
正版	zhèngbǎn	4
整理	zhěnglǐ	2
正式	zhèngshì	5
证券	zhèngquàn	6
知识产权	zhīshi chǎnquán	3
指标	zhǐbiāo	6
止跌	zhǐdiē	6
治疗	zhìliáo	2
制品	zhìpǐn	4
指数	zhǐshù	6
执行	zhíxíng	6
制造业	zhìzàoyè	1
重挫	zhòngcuò	6
中方	zhōngfāng	4
终审	zhōngshěn	4
中药	zhōngyào	2
中资公司	zhōngzī gōngsī	1
逐步	zhúbù	2
主办方	zhǔbànfāng	5
主讲人	zhǔjiǎngrén	3
助手	zhùshǒu	4
助推	zhùtuī	6
注册	zhùcè	3
注资	zhùzī	1
专职	zhuānzhí	5
转让费	zhuǎnràngfèi	3
转型	zhuǎnxíng	5
转移	zhuǎnyí	1
壮大	zhuàngdà	2
状况	zhuàngkuàng	6
资产	zīchǎn	6
资源	zīyuán	1
自由	zìyóu	2
自主	zìzhǔ	2
总算	zǒngsuàn	5
走	zǒu	3
钻空子	zuānkòngzi	3
做东	zuòdōng	2
做多	zuòduō	6

专有名词总表
Proper Nouns

1 英特尔公司
Yīngtè'ěr Gōngsī
Intel Company

1 沃尔玛
Wò'ěrmǎ
Walmart

1 家乐福
Jiālèfú
Carrefour

1 上海
Shànghǎi
Shanghai

1 大连
Dàlián
Dalian

1 青岛
Qīngdǎo
Qingdao

1 长三角
Chángsānjiǎo
Yangtze Delta

1 珠三角
Zhūsānjiǎo
Zhujiang Delta

1 成都
Chéngdū
Chengdu

1 重庆
Chóngqìng
Chongqing

1 西安
Xī'ān
Xi'an

1 哇哈哈
Wáhāhā
Wahaha group

1 乐百氏
Lèbǎishì
Robust

1 达能集团
Dánéng Jítuán
Group Danone

1 世界贸易组织
Shìjiè Màoyì Zǔzhī
WTO

2 华星公司
Huáxīng Gōngsī
Huaxing Company

2 陈
Chén
a Chinese surname

2 外婆的厨房
Wàipó de Chúfáng
Grandmother's Kitchen (a name of a restaurant)

2 海尔集团
Hǎi'ěr Jítuán
Haier Group

3 马德里协定
Mǎdélǐ Xiédìng
Madrid Agreement Concerning the International Registration of Marks

3 联想
Liánxiǎng
Lenovo

4 王致和
Wángzhìhé
a name of a famous old shop in China

4 德国
Déguó
Germany

4 慕尼黑
Mùníhēi
Munich

4 欧凯公司
Ōkǎi Gōngsī
Okai Company

4 专利商标局
Zhuānlì Shāngbiāojú
Patent and Trademark Office

4 味滋康集团
Wèizīkāng Jítuán
Mizkan Group

4 中国保护知识产权网
Zhōngguó Bǎohù Zhīshi Chǎnquán Wǎng
China Intellectual Property Rights Protection Website

4 世界知识产权日
Shìjiè Zhīshi Chǎnquánrì
World Intellectual Property Day

5 参展商电子名册
Cānzhǎnshāng Diànzǐ Míngcè
The Electronic List of Exhibitors

5 广交会
Guǎngjiāohuì
The Canton Fair (The China Import and Export Commodities Fair)

5 央行
Yānghána
The Central Bank

5 商务部
Shāngwùbù
The Ministry of Commerce

5 欧元区
Ōuyuánqū
Eurozone

5 国际货币基金组织
Guójì Huòbì Jījīn Zǔzhī
The International Monetary Fund (IMF)

5 国家发改委
Guójiā Fāgǎiwěi
National Development and Reform Committee

5 财政部
Cáizhèngbù
Ministry of Finance

5 国家税务总局
Guójiā Shuìwù Zǒngjú
State Administration of Taxation

6 创业板
Chuàngyèbǎn
Tender Board

6 K线图
Kèxiàntú
K-Line

6 沪市
Hùshì
Shanghai stock market

6 上证
Shàngzhèng
Shanghai Stock Exchange

6 深圳
Shēnzhèn
Shenzhen (the name of a Chinese city)

6 B股
B gǔ
B Share

6 国家统计局
Guójiā tǒngjìjú
State Statistics Bureau

6 印度
Yìndù
India

6 挪威
Nuówēi
Norway

6 消费者信心指数
Xiāofèizhě xìnxin zhǐshù
Consumer Confidence Index

6 道琼斯工业平均指数
Dàoqióngsī gōngyè píngjūn zhǐshù
Dow-Jones Industrial Average Index

6 纳斯达克综合股价指数
Nàsīdáke zōnghé gǔjià zhǐshù
Nasdaq Composite Index